Das verborgene Wissen der Welt

ATLANTIS
wird herausgegeben von
Dr. Hans Christian Meiser.

Über den Autor:

Manfred Böckl, geboren 1948, lebt als freier Schriftsteller in Bayern. Er veröffentlichte zahlreiche Romane und Sachbücher, die teils auch in andere Sprachen übersetzt wurden. Zu seinen erfolgreichsten Werken zählen *Nostradamus – Der Prophet, Agnes Bernauer* und *Mühlhiasl.*

Manfred Böckl
Die Botschaft der Druiden
Weisheit aus der Anderswelt

BASTEI-LÜBBE-TASCHENBUCH
Band 70133
Erste Auflage: September 1999

Originalausgabe
© 1999 by Bastei-Verlag Gustav H. Lübbe GmbH & Co.,
Bergisch Gladbach
Printed in Germany
Einbandgestaltung: Wustmann & Ziegenfeuter,
Dortmund
Satz: Textverarbeitung Garbe, Köln
Druck und Bindung: Ebner Ulm
ISBN 3-404-70133-X

Sie finden uns im Internet unter
http://www.luebbe.de

Der Preis dieses Bandes versteht sich einschließlich
der gesetzlichen Mehrwertsteuer.

Inhalt

	Einführung	7
I	Das Volk, das aus dem Kessel kam	17
II	Am Anfang standen Schamaninnen	41
III	Das Kerngehäuse des Apfels	53
IV	Rhiannon, Taranis und andere Götter	71
V	Am Grab des Taliesin	99
VI	Der Runde Tisch Myrddins	121
VII	Das schöne Antlitz der Hagazussa	145
VIII	Die Bestiensäule und der Mönch	163
IX	Avalon – ein Tor zur Anderswelt	185
X	Rettung durch das Große Wissen	207

Einführung

Auf dem Heiligen Hügel von Avalon schufen sie vor zweieinhalb Jahrtausenden eine Brücke in die Anderswelt, die sowohl spirituell als auch körperlich bis heute begehbar ist. Vor den Küsten Britanniens erkannten sie »Gläserne Inseln« als Tore zur vierten Dimension und durchschritten sie. In ihren über halb Europa verstreuten und von Baumreihen umfriedeten Hainen, den *Nemetons*, nutzten sie geophysikalische Kräfte zur Erweiterung ihres Bewußtseins. Mit beiden Beinen auf der Erde stehend und im Einklang mit der mütterlichen Natur hinausgreifend in die Unendlichkeit des Alls, formulierten sie eine Kosmologie, die menschliches Leben in vollkommene Harmonie mit dem Universum bringt.

Die keltischen *Dru Wid* oder Druiden – gleichermaßen Frauen und Männer – waren die *Großen Wissenden* der abendländischen Antike. Während der letzten vorchristlichen Jahrhunderte machten diese Philosophen, Poeten, Ärzte, Lehrer, Astronomen und Sensitiven dem Kontinent ein faszinierendes geistiges und gesellschaftliches Angebot. Ihr Entwurf einer umfassenden Zivilisation des Miteinander stellte die Vollendung einer langen, eher »weiblich« als »männlich« geprägten Linie der Menschheitsgeschichte dar. Für eine kurze Epoche verflocht das von ihnen geknüpfte Band der keltischen Kultur das alltägliche, politische und metaphysische Leben zahlreicher Völker von Irland bis Kleinasien auf sehr positive Weise. Hätten die Druiden ihr Werk vollenden können, wäre in Europa ein langes Goldenes Zeitalter Realität geworden.

Im Übergang vom Sternzeichen des »Widders« zu dem der »Fische« jedoch wurde die Welt des La-Tène brutal zerschlagen und das Abendland damit in eine zweitausendjährige Ära der Finsternis gestürzt. Zunächst griff Cäsar, der in seiner hemmungslosen Herrschsucht auch die römische Republik zerstörte, die iberischen, helvetischen, gallischen und britannischen Kelten an, führte eine Reihe grausamer Kriege gegen sie und schreckte dabei selbst vor Genoziden nicht zurück. Die Kaiser Caligula, Claudius und Vespasian versklavten anschließend die Reste der großen keltischen Populationen; lediglich da und dort in Germanien, im Böhmischen Kessel sowie in den westlichen Randregionen Europas vermochten sich kleinere Völker und Stämme zu behaupten. Das menschenverachtende System des römischen Imperiums hatte über die ungleich humaner angelegte Zivilisation der geistig von den Druiden geführten Völker gesiegt; zentral gesteuerte Machtausübung über die Philosophie des Miteinander im Rahmen der toleranten keltischen Föderation triumphiert.

Diese erste Katastrophe mündete direkt in eine zweite ein: den moralischen und metaphysischen Absturz, der im Gefolge der Zwangschristianisierung Europas zu beklagen ist. Was vom keltischen Pantheismus – der in seiner eingängigen Metaphorik stets auch Hinführung zur naturphilosophischen Kosmologie der Druiden gewesen war – noch überlebt hatte, wurde nun von der römischen Kirche mit äußerstem Haß verfolgt und dämonisiert. An die Stelle der heidnischen Spiritualität, die jedem Individuum auch den individuellen Weg bei der Suche nach dem Göttlichen und dem Einswerden mit ihm zugestanden hatte, trat jetzt dumpfer Dogmatismus. Zudem warfen sich die christlichen Priester zu vorgeblichen Vermittlern zwischen Diesseits und »Jenseits« auf, ohne freilich das Prinzip der Anderswelt überhaupt begriffen zu haben. Sie verbauten ihren Gläubigen damit den natürlichen, in jedem Menschen angelegten Erkenntnispfad, der allerdings nur in völliger geistiger Freiheit und eben nicht unter dem Diktat irgendwelcher Dogmen beschritten werden kann.

Römisches Reich und römisch-katholische Kirche – von imperialem Denken und dem Drang zur Unterwerfung alles Andersartigen getrieben – vernichteten das alte heidnische Europa, das in reicher Vielfalt aus seiner Liberalität und Toleranz heraus gelebt hatte. Um dies zu erreichen, mußte, nachdem die griechische Philosophie bereits zuvor an den Rand gedrängt worden war, vor allem das Druidentum ausgerottet werden. Schon in der Mitte des letzten vorchristlichen Jahrhunderts hatte Cäsar die *Großen Wissenden*, die aus sehr guten Gründen zum Widerstand gegen ihn und das von ihm verkörperte System aufriefen, verfolgen und hinmorden lassen. Im Jahr 61 nunmehr christlicher Zeitrechnung wurde die in ganz Europa berühmte Druidenschule auf der britischen Insel Mona (Anglesey) zerstört und die dortigen *Dru Wid* zu Hunderten niedergemetzelt. Während der späteren Jahrhunderte des vom römischen Papsttum dominierten, durch endlose Kriege gequälten Mittelalters und der folgenden Epochen konnten die wenigen Eingeweihten, die noch immer druidisches Wissen bewahrten, angesichts der Ketzer- und Hexenverfolgungen da und dort lediglich versteckt überleben.

Gerade diese den alten Göttern treu gebliebenen Menschen aber – zum Beispiel die als »Teufelsbuhlinnen« diskriminierten *Hagazussa* (»Zaunreiter«), die nach wie vor auf der

Grenze zwischen Diesseits- und Anderswelt zu »fliegen« vermochten – retteten in den Zeiten der blutigen Unterdrückung des Heidentums zumindest einen Funken der faszinierenden vorchristlichen Weisheit in die Neuzeit herüber. Sie waren es, die unter extremen Gefahren eine Brücke von der europäischen Antike zur Moderne schlugen, so daß die Erinnerung an das Druidentum besonders in abgelegenen Gegenden bewahrt blieb und in unseren Tagen ein Anknüpfen an das ehrwürdige Wissen möglich wird. Speziell heute – im Übergang vom zweiten zum dritten Jahrtausend und gleichzeitig vom Sternzeichen der »Fische« zu dem des »Wassermannes« – ist diese Rückbesinnung auf das vorchristliche Abendland hochaktuell. Denn mit ihrer Hilfe könnte aus noch immer außerordentlich tragfähigem Wurzelwerk heraus ein neues Aufblühen Europas sowohl in geistiger als auch politischer und sozialer Hinsicht erfolgen.

Sehr viele Menschen, die sich auf der Suche nach ihrem wahren metaphysischen Ursprung befinden, haben mittlerweile erkannt, daß im Zeitalter der Renaissance zwar ein erster wichtiger Schritt getan wurde, daß die Wiederentdeckung der antiken Welt im 15. und 16. Jahrhundert aber leider auf halben Wege steckenblieb, weil sie sich auf den östlichen Mittelmeerraum beschränkte. Im Grunde war das, was wir heute unter Renaissance verstehen, lediglich ein Anfang, der trotzdem einen ganz erstaunlichen zivilisatorischen Aufschwung bewirkte. Denn das Aufkommen des Humanismus nach eineinhalb Jahrtausenden der Dunkelheit stand in unmittelbarem Zusammenhang mit der Rückbesinnung auf die Philosophie vor allem des griechischen Heidentums. Nachdem sich aber nun schon jene »rudimentäre Renaissance« so vorteilhaft auswirkte, kann daraus geschlossen werden, daß ihre Vollendung noch ungleich positivere Resultate zeitigen würde.

Um das zu erreichen, muß freilich im Bewußtsein moderner Europäer neben der mediterranen heidnischen Welt auch wieder diejenige der Slawen, Germanen und Kelten lebendig werden – und der Weg dorthin führt vor allem über das Begreifen des Druidentums. Denn die Kosmologie der *Großen Wissenden* beinhaltete die Summe sämtlicher wertvoller Erkenntnisse der abendländischen Antike, und diese umfassende Lehre war zudem so praxisnah angelegt, daß sie nicht nur einer naturwissenschaftlich-philosophisch geschulten Elite, sondern allen Menschen zugute kommen konnte.

Ziel dieses Buches ist es also, das Denken und die Metaphysik der *Dru Wid* wieder nachvollziehbar zu machen. Diese Botschaft der Druiden kann allerdings nicht einfach aus einigen Dutzend anderer einschlägiger Werke herausgefiltert werden, denn sie wurde von den *Großen Wissenden* des letzten vorchristlichen Jahrtausends niemals schriftlich niedergelegt. Es existieren lediglich zeitgenössische griechische und römische Quellen, die – zumeist unter Vorbehalten – als Sekundärliteratur verwendet werden können. Außerdem haben sich »Märchen«, »Sagen« und »Gedichte« aus dem latène-zeitlichen Westeuropa erhalten, die im Mittelalter von christlichen Mönchen gesammelt und niedergeschrieben wurden, wobei es allerdings oft zu entsprechenden »Übertünchungen« kam. Aufgrund der insgesamt sehr spärlichen Quellenlage scheiterten bisher alle Versuche, die Kosmologie der Druiden gültig zu rekonstruieren. Mit Sicherheit war dies aber auch deshalb unmöglich, weil der Zugang allein mit den Methoden der Literatur- oder historischen Wissenschaft von Haus aus nicht greifen kann, da selbst bei sehr großem Fachwissen noch immer der eigentliche Schlüssel – das keltische Bewußtsein – fehlt.

Dieser *Celtic Spirit* nämlich ist in der Hektik der Universitäten kaum zu finden; man muß ihm vielmehr dort nachspüren, wo er allen Verfolgungen zum Trotz im verborgenen zu überdauern vermochte: in den Randregionen Westeuropas und bei den sogenannten einfachen Menschen dort. In der Bretagne, in Irland oder Cornwall, vor allem aber in Schottland und mehr noch in Wales, in welchen beiden Ländern das Keltentum derzeit seine eigene Renaissance erfährt, kommen auch jene uralten und oft insgeheim gehüteten Überlieferungen wieder ans Tageslicht, die den Geist der Druiden ungebrochen bewahrt haben. Gewinnt man hier das Vertrauen der Einheimischen, der innig mit ihrem Land vertrauten Bauern, Fischer und anderen unverbildeten Leute, dann beginnt die scheinbar versiegte Quelle neuerlich zu sprudeln.

Unversehens steht man dann vor einem kimmrischen *Maen*, einer bereits von den walisischen Druiden genutzten Steinsetzung, und entdeckt darauf das Symbol des Pentagramms. Oder man findet sich plötzlich auf der nach außen hin so unscheinbar wirkenden Hügelkuppe von Dinas Emrys wieder, der Festung des Ambrosius der Arthur-Sage, wo Merlin seine Prophezeiung vom Roten und Weißen Drachen abgab, und dort wird man dann womöglich auch die tiefere Bedeutung dieser Fabeltier- und Farbensymbolik begreifen. Ebenso kann es geschehen, daß man in den Wochen nach dem ersten August (dem keltischen »Erntedankfest« *Lugnasad*) in einer eineinhalb Jahrtausende alten und zwischen Dünen versteckten Kapelle auf berauschend duftende Kräuter und dazwischen liegende Totenschädel aus Brotteig stößt, aus deren Scheitel Getreideähren sprießen. Und die »zufällig« hereinkommende alte Frau, die eben noch bei einer nahen Quelle weilte und nun leise vom jungen Leben spricht, das wieder und wieder aus dem Verwelken eines vorhergegangenen entsteht, drückt damit druidisches Wissen aus: die so außerordentlich tröstliche Lehre von der

Umwandlung der Materie mit jedem Tod und dem damit eng verflochtenen Geheimnis der Wiedergeburt, respektive der Seelenwanderung.

Ganz konkrete Begegnungen mit »überlebenden« Kelten also waren für den Autor in dreißig Jahren des Lernens ausgesprochen hilfreich, wenn es darum ging, die antiken und mittelalterlichen Texte, in denen Informationen über die *Dru Wid* verborgen sein konnten, kritisch abzuklopfen, um sie sodann entweder zu verwerfen oder als schlüssig zu akzeptieren. Gleichzeitig bildete sich während der Aufenthalte in den keltischen Randregionen Europas mehr und mehr eine intuitive Empfänglichkeit für den *Celtic Spirit* aus, was letztlich einer geistigen Heimkehr ins Keltentum gleichkam. Dadurch wurde es möglich, die in druidischen Symbolen und keltischen Steinsetzungen oder Bauwerken enthaltenen verschlüsselten Botschaften zu »lesen« und ihre »geheimen« Aussagen zu begreifen. Schließlich folgte die Entdeckung einer weiteren Region, wo sich Erinnerungen an das Druidentum bis in die Gegenwart herauf erhalten haben: des Bayerischen- und des Böhmerwaldes sowie des angrenzenden österreichischen Waldviertels. An den Stalltüren mancher Bauernhöfe werden hier noch immer Pentagramme eingeritzt, und es sind auch andere Bräuche bewahrt geblieben, die im Vergleich mit westeuropäischen Überlieferungen unschwer als keltisch zu erkennen und in ihrem ursprünglichen heiligen Sinngehalt zu begreifen sind.

In gewissen Familien, die seit vielen Jahrhunderten im großen mitteleuropäischen Waldgebirge ansässig sind, wurden die ehrwürdigen Riten der *Hagazussa*, die ihrerseits auf druidische Praktiken zurückgehen, in sehr langer Generationenfolge zumeist von den Großmüttern an die Enkelinnen weitergegeben. Vor allem Frauen, manchmal aber auch Männer, die sich heute mutig wieder als »Hexen« bezeichnen, obwohl sie auch in der demokratischen Gesellschaft Gefahr laufen, deshalb diskriminiert zu werden, verfügen damit glücklicherweise nach wie vor über naturphilosophisches und metaphysisches Wissen der Kelten. Der unvoreingenommene Kontakt mit solchen Menschen, welche derzeit die Tradition der *Dru Wid* hüten, kann also sehr hilfreich sein, wenn es darum geht, den *Celtic Spirit* wiederzufinden – wie der Verfasser dieses Buches aufgrund persönlicher Erfahrung weiß und dankbar bekennt.

Darüber hinaus führten drei Jahrzehnte des vom Verstand und gleichermaßen vom Instinkt geleiteten Lernens dazu, daß dem Autor sehr persönliche »Rückerinnerungen« weit über sein gegenwärtiges Leben hinaus zuteil wurden. Auslöser waren dabei in jedem Fall solche Orte, die historisch beweisbar schon von den vorchristlichen Druiden genutzt wurden und daher innerhalb des Keltentums besondere spirituelle Bedeutung hatten. Diese »Rückführungen« waren freilich niemals spektakulär etwa in dem Sinne, daß der Autor Vercingetorix, Morgana, Arthur, Gwynhwyfara oder Merlin begegnet wäre. Vielmehr handelte es sich in diesen außerordentlich erfüllten Momenten und manchmal sogar Stunden um eine Art von Geborgensein in einer völlig anderen Welt als der des 20. Jahrhunderts. Es schien dann zu einer unendlich beglückenden Vereinigung zum Beispiel mit einer bestimmten »wiedergefundenen« Insel oder einfach der »Stimmung« eines Platzes zu kommen; es wurden – sehr schwer zu beschreibende – Empfindungen ausgelöst, wie sie bereits vor sehr langer Zeit ähnlich vertraut gewesen waren.

Zugegeben, dies mag im ersten Moment abwegig klingen, doch das vorliegende Buch gibt jedem Leser die Möglichkeit, den sowohl informativen als auch intuitiven Erkenntnispfad, den der Autor mit dem Ziel der Wiederentdeckung des druidischen Weltbildes eingeschlagen hat, selbst auf seine Tragfähigkeit hin zu überprüfen. Jeder möge sich sein eigenes Urteil darüber bilden, ob es auf die oben skizzierte Weise tatsächlich gelingen kann, die Schleier, die sich über das wahre Wesen der *Großen Wissenden* gelegt haben – oder auch ganz gezielt darüber gebreitet wurden – wieder zu lüften. Ehe jedoch der Versuch dazu gemacht wird, ist es nötig, die historische Herkunft und das Aufblühen des Keltentums im letzten vorchristlichen Jahrtausend zu beleuchten.

I

Das Volk, das aus dem Kessel kam

Weicher Märzwind pludert über das unscheinbare Feld in der Nähe des niederbayerischen Marktfleckens Aufhausen. Ungefähr dreißig Kilometer nördlich dehnt sich unter verhangenem Horizont die Silhouette des Bayerischen Waldes. Langsam wandere ich über den Acker, suche meinen Weg zwischen den flachen Gruben der Ausgrabung, die hier seit Mitte der 90er Jahre von einem mit mir befreundeten Archäologen durchgeführt wird.

An einer bestimmten Stelle erinnere ich mich an einen brütend heißen Sommertag im Juni 1996, als auf diesem flachen Hang über dem Flüßchen Vils das erstaunlich gut erhaltene Skelett eines jungen Mannes der Glockenbecherperiode aus der Erde kam. Circa 4200 Jahre hatte der etwa Sechzehnjährige in seinem jungsteinzeitlichen, mit Getreidebeigaben in zwei Tonkrügen versehenen Grab geruht; ähnlich einem Embryo in Seitenlage zusammengekauert und mit nach Norden ausgerichtetem Kopf gen Osten blickend: der aufgehenden neuen Sonne entgegen. Weibliche Skelette in anderen Gräbern waren in der gleichen Körperhaltung gefunden worden, sie jedoch lagen mit dem Schädel nach Süden.

Instinktiv hatte ich damals die Zuordnung von Frauen oder Männern zur »warmen«, beziehungsweise »kalten« Himmelsrichtung assoziiert. Ebenso hatte ich mich daran erinnert, daß auch im viel späteren keltischen Denken die Göttin Beltane für Frühling und Sommer stand, ihr sie ergänzender Gefährte Samhain aber für Herbst und Winter. Mein Freund, der Archäologe, hatte dazu geäußert, diese Gedankenverbindung von den Glockenbecherleuten zu den Menschen des La-Tène sei durchaus gerechtfertigt, denn die Metaphysik der Druiden sei ja letztendlich aus den vorangegangenen neolithischen und bronzezeitlichen Vorstellungen erwachsen. Dann hatte er mir eine andere Stelle auf dem Grabungsareal gezeigt, wo er über den genannten prähistorischen Schichten keltische Siedlungsspuren – unter anderem ein Ofenzentrum mit Eisenschlacke – entdeckt hatte.

Als ich im März 1998 wiederum dort stehe, wird mir erneut diese unglaubliche Kontinuität bewußt: Rund fünf vorchristliche Jahrtausende lang – vom Neolithikum bis zur Römerzeit, als die La-Tène-Kultur brutal zerschlagen wurde – lebten hier, eine um die andere, verschiedene Zivilisationen in friedlichem Einklang mit der Natur. Sie wurden geboren, blühten auf, kamen zur Reife und vergingen, um in anderer Form wieder neu zu entstehen. Der Kern ihres geistigen Erbes jedoch überdauerte alle diese Umwandlungen, bis er schließlich mit keltischem Denken verschmolz und von den *Großen Wissenden* in das Gedankengebäude ihrer allumfassenden Kosmologie eingearbeitet wurde.

Während mir dies durch den Kopf geht, kauere ich mich nieder; ich möchte die Erde berühren, über die hier einst bestimmt auch der eine oder andere *Dru Wid* schritt. Plötzlich weckt etwas im bröckeligen Lehm meine Aufmerksamkeit. Ich scharre ein wenig, im nächsten Moment halte ich eine Keramikscherbe in der Hand, die ich als la-tène-zeitliches Relikt erkenne. Der Krümmung nach zu urteilen, muß sie von einem ziemlich großen Gefäß stammen. Auffallend ist der hohe Graphitgehalt des Tons, und ich bin mir deshalb sehr sicher, daß der Krug etwa zwei Tagesmärsche weiter nördlich im Bayerischen Wald gebrannt wurde, wo das genannte Mineral im einzigen Graphitbergwerk Mitteleuropas noch bis heute abgebaut wird.

Damit aber kam das Gefäß, das vor rund 2500 Jahren wahrscheinlich zur Aufbewahrung von Getreide diente, vom Rand jenes »Kessels«, der als die Geburtsstätte des Keltentums gilt: der böhmischen Senke, die von den Gebirgszügen der Sudeten, des Erzgebirges und eben des Bayerischen- und Böhmerwaldes sowie des österreichischen Waldviertels begrenzt wird. Die dunkle Scherbe in meiner Hand stellt die Verbindung ganz unvermittelt schier greifbar her – und während ich sie nun sorgfältig vom anhaftenden Schmutz reinige, versuche ich mir vorzustellen, wie es gewesen sein könnte, als sich die ersten keltischen Zivilisationsinseln in jener Region bildeten, wo heute Prag steht ...

Die Frage, wann genau diese Entwicklung einsetzte, ist ausgesprochen schwierig zu beantworten. Denn die geheimnisvollen Völker, die auf dem Höhepunkt ihrer kulturellen Entwicklung das Druidentum hervorbrachten, tauchten nicht plötzlich in der Geschichte auf, sondern wuchsen allmählich aus dem prähistorischen Halbdunkel im Übergang vom vorletzten zum letzten vorchristlichen Jahrtausend heraus.

In Mitteleuropa und damit auch im Böhmischen Kessel existierte damals die sogenannte Urnenfelderkultur (ca. 1300 – 750 v. d. Z.), die sich ihrerseits wieder aus einer Vermischung eingesessener Populationen der Glockenbecherleute mit indogermanischen Stämmen entwickelt hatte, die aus den Steppen um den Kaukasus zugewandert waren. Mit der gegenseitigen Durchdringung dieser Völker waren offenbar auch europäische und asiatische Glaubensvorstellungen miteinander verschmolzen, so daß daraus – nach einer Übergangsperiode, die als Aunjetitzer Kultur bezeichnet wird – jene gemeinsame Zivilisation hatte entstehen können, die durch das Anlegen von großen Friedhöfen mit Brandbestattungen in Keramikgefäßen – eben den Urnenfeldern – gekennzeichnet ist. Diese Symbiose aber stellt einen hochinteressanten Abschnitt der abendländischen

Vorgeschichte dar, denn in jener Zeit wurde scheinbar Widersprüchliches weitgehend friedlich miteinander vereint.

Während die im mitteleuropäischen Raum bereits ansässige Bevölkerung ursprünglich rein matriarchal organisiert gewesen war, erdorientierte Fruchtbarkeitskulte praktizierte und ihre Toten in Hockergräbern wie demjenigen von Aufhausen beisetzte, hatten die Neuankömmlinge aus Osten vaterrechtliche Vorstellungen, die Verehrung einer Sonnengottheit sowie die Fertigkeit des Grabhügelbaues mitgebracht. Um diese auf den ersten Blick gegensätzlichen Weltanschauungen nun aber miteinander zu verknüpfen, mußte quasi ein verbindendes geistiges Dach über beiden metaphysischen und damit auch gesellschaftlichen Ausrichtungen erbaut werden. Diejenigen, welche das ermöglichten, waren vermutlich die weiblichen und männlichen Schamanen einerseits der Glockenbecherleute und andererseits der Indogermanen, die aus der Steppe gekommen waren. Sie errichteten jenes religiöse und soziale Gebäude, das über die bisherigen, engeren Horizonte ihrer jeweiligen Völker hinausgriff und so deren relativ problemlose Symbiose ermöglichte. Damit jedoch war für Europa ein Prinzip geboren worden, das man in gewisser Weise bereits als keltisch bezeichnen könnte, weil es nicht auf Unterdrückung des Andersartigen, sondern auf gegenseitige Befruchtung und von daher auf kulturellen Aufstieg setzte.

Diese Vorgehensweise wird sehr real greifbar, wenn man den Wandel bei den Begräbnissitten nach der Verschmelzung von Glockenbecherleuten und Indogermanen im Hinblick auf den eben genannten speziellen geistigen Hintergrund betrachtet. Die Glockenbecherleute hatten ihre Toten in der Körperhaltung von Embryos und mit Blickrichtung zur aufgehenden Sonne beigesetzt und keine Hügel über den Grabstätten errichtet; es genügte ihnen offenbar, ihre Lieben im Schoß der Erdmutter geborgen zu wissen. Die zugewanderten Steppenvölker wiederum, die wahrscheinlich dem Ahnenkult anhingen, hatten Tumuli erbaut, um das Andenken an ihre Verstorbenen damit auch optisch wachzuhalten. In der Symbiose der Urnenfelderzeit führte man nun die Brandbestattung in einem bauchigen Tongefäß ein – und auf diese Weise wurden beide Arten von Begräbnisriten auf beinahe schon geniale Weise miteinander verknüpft.

Denn der Keramikkrug, der die Asche eines Toten enthielt, konnte gleichermaßen als symbolischer Grabhügel wie auch als Schoß der Erdmutter gesehen werden, wodurch die ehemals unterschiedlichen metaphysischen Vorstellungen zu einer neuen und breiteren religiösen Idee verschmolzen. In einer ähnlichen Metamorphose wurde die göttliche Kraft der Sonnenstrahlen, die einst die Grabhügel der indogermanischen Zuwanderer geheiligt hatten, durch das Ritual der Feuerbestattung ersetzt. Gleichzeitig wurde das Wissen um die Wiedergeburt oder auch um die Präsenz der Ahnen noch lange nach ihrem Tod, das vordem ganz konkret durch die besondere Körperhaltung der Verstorbenen in den Hockergräbern, beziehungsweise die weithin sichtbaren Tumuli ausgedrückt worden war, jetzt nicht länger konkret demonstriert, sondern auf eine höhere Bewußtseinsebene gehoben, die keine äußerlichen Symbole mehr benötigte.

All dies zusammengenommen, waren die spirituellen und rituellen Voraussetzungen gegeben, um dann eben im Verlauf der Urnenfelderepoche einen höheren Zivilisationsgrad insgesamt zu erreichen. Dies freilich konnte nur geschehen, weil die Schamanen, die den Vereinigungsprozeß gelenkt hatten, auf das Prinzip der Toleranz und des Miteinander gesetzt hatten, statt ihre jeweiligen bisherigen Weltbilder dogmatisch gegen die neuen zu verteidigen. Nachdem aber dank dieser – quasi »urkeltischen« – Einsicht nichts unterdrückt und nichts Früheres als wertlos verworfen worden war, vermochten die neuen gemischten Populationen zusätzliche metaphysische Potenz zu gewinnen, wodurch wiederum die Basis für einen weiteren kulturellen Aufschwung gelegt wurde.

Ungefähr um 1300 v. d. Z. setzte dieser Prozeß ein; es war jene Epoche, da die Menschen bei der Verarbeitung der Bronze ihre Meisterschaft erreichten und jene bestechend schönen Gerätschaften, Waffen und Schmuckstücke schufen, die heute in den vorgeschichtlichen Museen so große Bewunderung hervorrufen. Im Lauf der folgenden Jahrhunderte, als weitere Wanderstämme Mitteleuropa und vor allem den geographisch besonders günstig gelegenen Böhmischen Kessel erreichten, kam es zu zusätzlichen positiven Umformungen der dort bereits etablierten Zivilisation, die dadurch in verschiedenen Schritten und auf die eben beschriebene Art noch einmal bereichert wurde. Zu Beginn des letzten vorchristlichen Jahrtausends schließlich, als die Urnenfelderzeit allmählich endete und sich in die Hallstattkultur umwandelte, war jener historische Punkt erreicht, an dem die Kelten in der sanften Hügellandschaft zwischen Sudeten, Erzgebirge und Böhmerwald zum ersten Mal konkret greifbar werden.

Daß diese frühen Stämme der *Keltoi*, wie sie ab dem siebten vorchristlichen Jahrhundert von griechischen Geschichtsschreibern genannt wurden, nicht rassisch definiert werden können, ist nach dem eben Gesagten klar. Es handelte sich bei ihnen vielmehr um Angehörige sowohl europäischer als auch asiatischer Völker, die im Verlauf eines langen und vielfältigen Entwicklungsprozesses unter dem Dach einer gemeinsamen liberalen Weltanschauung eine eigenständige, vorerst noch regional begrenzte Zivilisation herausgebildet hatten. Der »Schmelztiegel« des Böhmischen Kessels, welcher an einem Knotenpunkt der schon damals existierenden großen Wander- und Handelswege lag, war dafür der ideale geographische Raum gewesen. Und hier entstand nun ab etwa 750 v. d. Z. jene unverwechselbare frühkeltische Kultur, die während der folgenden Jahrhunderte rasch aufblühte, bis ca. 500 v. d. Z. dauerte und heute als Hallstattepoche bekannt ist.

Kennzeichnend für diese Ära sind die von der Archäologie vielfach nachgewiesenen Fürstensitze, die zunächst in Böhmen, dann auch in Mähren, Bayern, Österreich und Slowenien entstanden, um sich wenig später bis Südwestdeutschland, die Schweiz und Ostfrankreich auszubreiten. Fast immer lagen diese mit Palisaden bewehrten Ringwallanlagen auf exponierten Bergkuppen und bildeten den Mittelpunkt eines begrenzten, gut überschaubaren Gebietes: eines Kleinkönigtums, das im Regelfall ungefähr die Ausdehnung eines heutigen Landkreises besaß. Freilich dürfen diese Herrschaftssitze nicht mit den Zwingburgen der mittelalterlichen Feudalzeit verwechselt werden, denn der Geist, der in den keltischen Fürstenhallen herrschte, war keineswegs auf Unterdrückung der umwohnenden Bevölkerung ausgerichtet.

Kein Regionaladliger der Hallstattzeit regierte nämlich selbstherrlich, sondern diese Fürsten waren demokratisch gewählt und wurden zudem von einem vielköpfigen Parlament – dem *Nemeton*, das in den ebenfalls so bezeichneten Hainen zusammentrat – kontrolliert. Man könnte also von einer konstitutionellen Adelsherrschaft sprechen. Die wiederum beruhte aber nun zusätzlich auf einem Prinzip, wie es anderswo zwar ebenfalls gelegentlich angestrebt, jedoch allein bei den Kelten verwirklicht wurde. Denn in voller Gleichberechtigung mit den politischen Herrschern saßen bei den Ratsversammlungen die geistigen Führer der Gesellschaft auf der Regierungsbank: die Druiden, die sogar noch vor dem Fürsten das Wort zu ergreifen pflegten und damit vor jeder wichtigen Entscheidung quasi ein moralisch-philosophisches Fundament legten, das etwa reine Machtpolitik, die dem Wohl des Volkes nicht gedient hätte, unmöglich machte.

Dieses ganz erstaunliche Regierungssystem zeitigte nun in der Hallstattepoche – und mehr noch in der anschließenden La-Tène-Zeit, wo es weiter vervollkommnet und auch in größerem staatlichen Rahmen genutzt wurde –, sehr positive Ergebnisse. Von Mitteleuropa ausgehend, bauten die keltischen Stämme ein Gemeinwesen auf, das nicht nur im ideellen, sondern auch im pragmatischen Sinne auf das bereits in der Vorgeschichte der *Keltoi* bewährte und von den *Dru Wid* gelehrte Miteinander setzte. Die Fürstensitze waren vor allem Zentren einer hochstehenden Handwerkskunst und von daher auch Handelsmittelpunkte. Jede Ringwallanlage stand mit den benachbarten in intensiven wirtschaftlichen Beziehungen, und in ihrem Zusammenwirken waren diese Zivilisationskerne fähig, lukrativen Handel mit einer ganzen Reihe anderer abendländischer Völker zu treiben.

Da die Kelten Meister der Metallverarbeitung waren, konnten sie große Mengen an Schmuck, Waffen und Werkzeugen aus Gold, Silber, Bronze und Eisen exportieren. Hinzu kam das Salz, das sie dank ihrer hochentwickelten Bergwerkstechnik in der Gegend von Hallstatt abbauten (nach welchem Ort im Salzkammergut, wo die Archäologen besonders reiche Funde machten, auch die entsprechende Epoche benannt ist). Diese Waren gingen im Tausch gegen Bernstein von der Ostsee, Glas aus dem nordafrikanischen Phönizien, Zinn aus Britannien oder Wein von den Hängen Etruriens, beziehungsweise Griechenlands bis an die Grenzen der antiken Welt. Aufgrund dieser friedlichen Kontakte gelangten aber auch wertvolle geistige Anregungen nach Mitteleuropa, von denen die frühen Kelten, die in ihrer Toleranz allem Neuen gegenüber äußerst aufgeschlossen waren, ebenfalls profitierten.

Ihre Druiden wiederum, deren schamanische »Vorfahren« bereits Jahrhunderte zuvor die so fruchtbare Symbiose zwischen Glockenbecherleuten und Indogermanen ermöglicht hatten, sorgten auch jetzt wieder dafür, daß die wertvollen unter den neuen Einflüssen in die keltische Weltanschauung integriert wurden. An erster Stelle stand hier wohl der Dialog mit den Griechen und besonders Athen, wo im siebten vorchristlichen Jahrhundert durch den Fürsten Drakon eine ähnlich konstituierte Gesellschaft wie die keltische geschaffen worden war und der »Staatsrechtler« Kleisthenes um 500 v. d. Z. mit Hilfe seiner Verfassungsreform eine demokratische Gesellschaft begründet hatte. Ebenfalls im siebten Jahrhundert schrieb der böotische Dichter Hesiod, der als Hirte und Bauer lebte, seine »Theogonie« nieder, in der er die Götter nicht länger als Personen, sondern als erhabene Mächte darstellte; im sechsten Jahrhundert sodann tauchten Philosophen wie Thales von Milet auf, die sich bemühten, die verborgenen Gesetze des Daseins mit Hilfe der sichtbaren Naturerscheinungen zu erklären.

Damit hatte das Griechenland jener Epoche einen ähnlich hohen geistigen und gesellschaftlichen Entwicklungsstand erreicht wie das hallstattzeitliche Keltentum; sowohl im Südosten Europas als auch in seiner Mitte hatten sich zwei in etwa gleichrangige Zivilisationen herausgebildet. Die oft geäußerte These jedoch, wonach die frühe keltische Kultur lediglich ein »Absprengsel« der antiken griechischen gewesen wäre, ist nicht stichhaltig und beruht auf der Überbewertung alles Mediterranen aufgrund der christlichen Prägung des Abendlandes. Tatsache ist vielmehr, daß beide Zivilisationen zunächst unabhängig voneinander entstanden und sich anschließend auf durchaus gleichberechtigte Weise untereinander sowie mit weiteren Kulturen austauschten, wodurch sich ihr jeweiliger Horizont noch einmal erweiterte.

Als wegweisende Elite traten dabei in Hellas die Staatstheoretiker, Dichter und Philosophen auf; in der keltischen Welt wurde die gleiche bahnbrechende geistige Arbeit von den Druiden geleistet, die ebenfalls in etwa die genannten und zusätzlich noch eine Reihe weiterer Funktionen erfüllten. Im Gegensatz zu Griechenland jedoch, wo sich die eben noch hochstehende Zivilisation schon bald wieder zerrieb, weil Stadtstaaten mit hegemonistischen Bestrebungen und schließlich reine Despoten die Macht errangen, schaffte die Hallstattkultur es in der Mitte des fünften vorchristlichen Jahrhunderts, sich selbst noch einmal zu überhöhen. Gleichzeitig dehnte sie sich in ihrer neuen Form auf ganz erstaunliche Weise aus, so daß innerhalb weniger Generationen jener faszinierende Zivilisationsgürtel geschaffen wurde, der sich schließlich von Irland und Britannien über Spanien, Frankreich, die Schweiz, Süddeutschland, Böhmen, Ungarn, Nordjugoslawien, Rumänien und Bulgarien bis nach Kleinasien erstreckte, wo die Kelten als *Galatoi* noch in den Galaterbriefen des Paulus auftauchen.

Mit diesem weiteren Entwicklungssprung aber, der den Beginn der La-Tène-Epoche (ca. 450 – 15 v. d. Z.) kennzeichnet, war nun auch der Punkt erreicht, von dem an das Druidentum zu seiner einzigartigen Blüte aufwuchs. Mehr noch: Es ist sogar sehr wahrscheinlich, daß es gerade die *Großen Wissenden* waren, welche diese beinahe unglaubliche Ausbreitung des Keltentums überhaupt erst ermöglichten – und daß sich genau darin ihr grandioses politisches und kulturelles Angebot an Europa äußerte. Mit bloßer Waffengewalt nämlich, wie die meisten Geschichtsbücher es darstellen, wäre die »Keltisierung« des halben Kontinents, noch dazu in dermaßen kurzer Zeit, auf gar keinen Fall möglich gewesen. Hätten die (eher kleinen) Streitscharen aus den Ringwallanlagen dies versucht, wäre ihr Scheitern nach allen militärischen Gesetzen vorprogrammiert gewesen. Es muß sich also kurz nach der Mitte des letzten vorchristlichen Jahrtausends eine Expansion ganz anderer Art ereignet haben, und die einzige Erklärung dafür liegt nun tatsächlich bei den Druiden; beziehungsweise in dem, was hier zunächst einmal als die ganz besondere Ausstrahlung der *Dru Wid* bezeichnet werden soll.

Immer wieder, wenn der Autor dieses Phänomen mit anderen Keltophilen diskutierte, stand früher oder später das Bild eines Barden des 20. Jahrhunderts im Raum: des britischen Popsängers Donovan, der in seinem Song »Atlantis« eine Gruppe von Lehrern, Wissenschaftlern, Philosophen, Ärzten und Priestern beschreibt, die von jenem sagenhaften Kontinent aussegeln, um den Völkern jenseits des Ozeans ihre Weisheit zu bringen. Und stets entstand bei den Teilnehmern solcher Gespräche dann das Gefühl, so ähnlich könnte es auch bei der Ausbreitung des Keltentums vor mehr als zweitausend Jahren gewesen sein.

Ein walisischer Historiker formulierte dies im Gespräch mit mir einmal ungefähr so: »Manchmal glaube ich, sie vor mir sehen zu können: Wandernde Druiden, begleitet von einigen Schülern, Jägern und Kriegern, die den Spuren der keltischen Händler folgten und dann irgendwo an den Herdfeuern jener Stämme saßen, die über die Handelskarawanen bereits mit der frühen la-tène-zeitlichen Kultur in Kontakt gekommen waren. Und sehr bald erkannten diese Menschen vermutlich, daß sie durch das überlegene Wissen der Druiden bereichert wurden; sowohl in praktischer als auch in geistiger Hinsicht. Von da aus wäre es im Grunde nur noch ein kleiner Schritt bis zu einer weiteren keltischen Gemeinschaft gewesen, und die Expansion, die militärisch beim besten Willen nicht zu erklären ist, hätte auf diese Weise völlig oder doch weitgehend friedlich erfolgen können ...«

Nach dieser Theorie wären die Druiden also gewissermaßen als geistige und zivilisatorische Sendboten des Keltentums aufgetreten. Wenn sie damit freilich erfolgreich sein wollten, dann müssen sie tatsächlich über eine ganz besondere Ausstrahlung und dazu herausragendes praktisches Können, etwa im medizinischen Bereich, verfügt haben. Nur so wäre es ihnen möglich gewesen, andere Menschen derart zu faszinieren, daß diese zuletzt von sich aus bereit waren, eine neue kulturelle Heimat unter dem Dach des Keltentums zu akzeptieren. Gleichzeitig wäre die Welt der *Keltoi* unter dieser Prämisse neuerlich ideell und nicht durch die Zugehörigkeit ihrer Mitglieder zu bestimmten Völkern oder Stämmen definiert; la-tène-zeitliches Keltentum wäre demnach genau das gewesen, was sich noch im Sagenkreis um Arthur im Symbol des »Runden Tisches« ausdrückt: eine Völkergemeinschaft, die in einem bestimmten politischen und metaphysischen Konsens lebte und in der jedes Mitglied gleichberechtigt war.

Doch noch einmal zurück zu den Druiden und ihrer erstaunlichen Überzeugungskraft, die unabdingbare Voraussetzung gewesen sein muß, wenn die These des walisischen Historikers zutrifft. Worin lag die Kraft ihrer Ausstrahlung? Was besaßen sie, das den Schamanen anderer Völker fehlte? Worin lag ihr Geheimnis, das sie – wie zeitgenössische antike Autoren berichten – beispielsweise dazu befähigt haben soll, allein durch die Kraft ihres Wortes kampfbereite Heere daran zu hindern, zum Angriff vorzugehen? Dezidierte Antworten auf diese Fragen werden in diesem Buch noch gegeben werden; vorerst nur soviel: Es wäre sicher falsch, in den *Großen Wissenden* lediglich Frauen und Männer zu sehen, die ähnlich wie spätere christliche Missionare auszogen, schlicht eine neue Lehre predigten und alles, was zuvor wertvoll gewesen war, in Bausch und Bogen verwarfen – weshalb die Religion des Kreuzes zumeist auch nur mit Gewalt durchgesetzt werden konnte. Vielmehr besaßen die Druiden quasi die »Fülle« metaphysischer, philosophischer und praktischer Weisheit – und sie wußten die sich daraus ergebenden Möglichkeiten nicht nur ganz real im täglichen Leben anzuwenden, sondern waren aufgrund ihrer allumfassenden Kosmologie auch fähig, anderswo bereits vorhandene religiöse oder philosophische Vorstellungen problemlos zu integrieren. Deswegen mußte sich keine andere Weltanschauung von ihnen vergewaltigt fühlen, und genau das war der Grund, warum es immer wieder zu friedlichen Verschmelzungen – oder besser Überhöhungen – kam.

Wenn solches Sendbotentum nun aber auch noch auf breiter Basis wirksam wurde, dann könnte es zu Beginn des letzten vorchristlichen Halbjahrtausends tatsächlich so gewesen sein, wie der walisische Wissenschaftler vermutete. Das »Knüpfen des keltischen Gürtels« über ganz Europa wäre in diesem Fall mehr oder weniger im Konsens mit jenen Stämmen und Völkern erfolgt, die im Verlauf dieser Entwicklung Mitglieder der keltischen Welt wurden. Kriegerische Auseinandersetzungen, die in der fraglichen Zeit allerdings auch nicht zu leugnen sind, waren hingegen nur zu beklagen, wenn die Philosophie des Miteinander auf ein konträres Prinzip prallte; konkret geschah dies immer dann, wenn Keltentum und römischer Imperialismus kollidierten. Damit aber ist im Rahmen dieses kurzen Abrisses über Herkunft und Geschichte der *Keltoi* das Stichwort für die große Katastrophe, die den faszinierenden europäischen Völkerbund der Antike traf, gefallen. Denn das grandiose Angebot, das die Druiden dem Kontinent machten, wurde von den Senatoren und vor allem den frühen Cäsaren Roms auf brutalste Weise und zum zweitausendjährigen Schaden des Abendlandes zurückgewiesen.

Die erste schwere Konfrontation zwischen Kelten und Römern ereignete sich im frühen vierten vorchristlichen Jahrhundert. Zu jener Zeit hatten sich die *Keltoi* bereits in der norditalienischen Poebene und an der Adria angesiedelt. Während einer Reihe heißer Sommer kam es in den Feuchtgebieten der heutigen Region Venetien nun offenbar zu einem Überhandnehmen der Anophelesmücke, so daß das an der Adria lebende Volk der Senonen von einer Malariaepidemie bedroht war. Unter Führung ihres Fürsten Brennus brachen diese Kelten daraufhin notgedrungen nach Süden auf und verhandelten mit dem Adel der etruskischen Stadt Clusium über eine – vielleicht nur vorübergehende – Abtretung von Ackerland in der dortigen Gegend. Vermutlich hätten Senonen und Etrusker, die seit Generationen Handel miteinander trieben, sich friedlich geeinigt, wenn nicht plötzlich römische Truppen unter Führung einiger Senatoren gewaltsam eingegriffen hätten. Ein Patrizier namens Quintus Fabius tötete ein führendes Mitglied der keltischen Delegation, worauf die Senonen – ohne die Auseinandersetzung eskalieren zu lassen – sich nach Norden zurückzogen.

Wenig später trafen senonische Gesandte in Rom ein, welche vor dem Senat Mordanklage erhoben und die Auslieferung des Quintus Fabius und zweier seiner Verwandten, die ebenfalls an der Bluttat beteiligt gewesen waren, verlangten. Das römische Patriziat jedoch verweigerte die Bestrafung der Schuldigen und provozierte die Kelten noch zusätzlich, indem es Quintus Fabius und die beiden anderen für das kommende Jahr zu Militärtribunen im konsularischen Rang ernannte, sie also durch eine Beförderung auch noch für ihre Untat belohnte. Und dies war nun der Auslöser für den historisch gewordenen Angriff der Senonen und einiger mit ihnen verbündeter Völker unter Führung des legendären Brennus auf Rom. Die Kelten, die von den meisten römischen Geschichtsschreibern als Barbaren bezeichnet werden (obwohl ihnen andererseits der Schriftsteller Livius, der die eben geschilderte Geschichte überlieferte, Gerechtigkeit widerfahren ließ), waren ganz offensichtlich nicht bereit, das erlittene Unrecht und den Zynismus des Senats einfach hinzunehmen und erklärten aus diesem Grund den Krieg.

Im Jahr 386 v. d. Z. marschierte Brennus mit seinem Heer gegen Rom, schlug die Legionen am Flüßchen Allia verheerend und stürmte am folgenden Tag die Stadt mit Ausnahme jenes Hügels, auf dem das schwer befestigte Kapitol stand. Sieben Monate belagerten die Kelten diese letzte Bastion der Römer, ehe nunmehr die Senatoren Verhandlungen anboten und die Stadt mit tausend Pfund Gold freikauften. Dabei fiel der berühmte Ausspruch des Fürsten Brennus »Vae victis!« (»Wehe den Besiegten!«), der später ebenfalls oft als Zeichen keltischer Barbarei interpretiert wurde. In Wahrheit jedoch hatten die Senonen, nachdem Rom ihnen keine andere Wahl gelassen hatte, einen eklatanten Bruch des Völkerrechts gesühnt und damit die Rechtssicherheit wiederherzustellen versucht. Im Prinzip hatten sie so gehandelt, wie sehr viele Menschen heutzutage es sich von der

UNO wünschen würden: Entschlossen waren moralische Werte und grundlegende Regeln des zivilisierten menschlichen Zusammenlebens gegenüber Politkriminellen verteidigt worden.

Livius schreibt ebenfalls, daß die senonische Delegation, die das Völkerrecht zunächst friedlich in Rom einklagen sollte, auf Betreiben der »Ältesten«, also ganz ohne Zweifel der Druiden, an den Tiber gesandt wurde. Die *Großen Wissenden* treten damit in einer bestens dokumentierten Situation als diejenigen auf, welche im Keltentum – gleichberechtigt neben den Fürsten auf der »Regierungsbank« sitzend – letztlich die ethischen Richtlinien der Politik bestimmten. Im vorliegenden Fall, und das soll hier noch einmal ganz deutlich betont werden, setzten sie brutaler römischer Willkür und Machtbesessenheit ihren höheren kulturellen Anspruch entgegen. Statt der Waffe versuchten sie zunächst das Argument ins Feld zu führen; erst als sich dieses Vorgehen als aussichtslos herausstellte, überließen sie dem Heerführer Brennus die Initiative – wodurch andererseits wieder ihr Realitätssinn dokumentiert wird, der sie davor bewahrte, lediglich als weltfremde oder gar versponnene Philosophen zu agieren.

Historisch gesehen, stellt die Belagerung des Kapitols im Jahr 386 jenen Punkt dar, an dem zwei grundlegend verschiedene Weltanschauungen erstmals dramatisch aufeinanderprallten. Und Rom, das seine damalige Niederlage schnell überwand und dessen künftiger Aufstieg von nun an auf rücksichtslosem Einsatz von militärischen Machtmitteln sowie harter Unterdrückung aller unterworfenen Völker beruhte, verzieh den liberalen Kelten, welche im Gegensatz dazu so weit wie möglich ihr Prinzip des Miteinander und der Verschmelzung des scheinbar Unterschiedlichen vertraten, die an der Allia und auf dem Kapitol erhaltene Lektion nie. Mehr noch: Von jetzt an wurde in der Metropole am Tiber und bald auch in den sich rasch vergrößernden römischen Provinzen alles Gallische, wie der lateinische Terminus lautete, als quasi von Natur aus feindlich betrachtet. Denn die Römer hatten erkannt, daß das entscheidende Hindernis für ihre eigene Expansion die keltische Weltanschauung war – und Europa damit vor einem Entweder-Oder stand: hier das alleinherrschende Imperium und dort die kulturell ungleich höherstehende Idee des »keltischen Gürtels« in Form einer abendländischen Föderation.

Betrachtet man die weitere römische Geschichte, so wird die strikt gallierfeindliche Politik, die der Senat ab etwa 380 v. d. Z. verfolgte, sonnenklar. Zunächst, um die nötige militärische Basis zu gewinnen, unterwarf Rom mit Hilfe der benachbarten Samniten das Volk der Latiner und in der Folge dieses Sieges nach neuerlichen Vertragsbrüchen die Samniten selbst. Während der nächsten Jahrzehnte, bis etwa 300, folgte die Ausdehnung der römischen Hegemonie auf die Länder der Etrusker, Sabiner, Lukaner und Umbrer. Nachdem der Senat damit die Vorherrschaft in Italien errungen hatte, eroberten seine Legionen 285 den »Ager Gallicus«, also jene norditalienischen Regionen, in denen die Kelten nun schon seit Jahrhunderten gelebt hatten. Die Senonen, Bojer und andere Stämme wurden dezimiert und die überlebenden Reste vertrieben.

Nur eine Generation später, 264, brach der Erste Punische Krieg aus, der bis 241 dauerte. Die Karthager, die in Nordafrika und auf Sizilien saßen sowie in Spanien friedlich mit den dortigen Kelten zusammenlebten, wehrten sich verzweifelt gegen die römische Aggression, erlitten aber zusammen mit ihren gallischen Verbündeten eine Niederlage. Sofort fielen die Legionen über das Land der keltischen Insubrer mit der Hauptstadt Mediolanum (Mailand) her und zerstörten diese vom druidischen Geist geprägte Zivilisation. Scheinbar wendete sich das Blatt, als 218, auf dem Höhepunkt des Zweiten Punischen Krieges, karthagische und keltische Heere nach Italien vordrangen; wenig später jedoch wurden sie von den Römern aufgerieben. Im Dritten Punischen Krieg wurden die Karthager aus Spanien vertrieben und damit zahlreiche Völker der dortigen Kelten brutal unterworfen. Schon 189 attackierten die Legionen den blühenden Staat der Galater in Kleinasien und raubten ihm seine Selbständigkeit. Ab der Mitte des zweiten vorchristlichen Jahrhunderts machte Rom sich daran, die noch freien Keltenvölker der Iberischen Halbinsel zu unterjochen; Cäsar schließlich war es, der nach beinahe hundertjährigem Einschlagen der senatorischen Heere auf die Keltiberer deren letzte Festung Brigantium eroberte. Ebenso unterwarf der erste römische Imperator die Gallier im heutigen Frankreich, die unter Führung des legendären Vercingetorix verzweifelten Widerstand leisteten, sowie die Belger und Helvetier. In seinem Werk »De bello Gallico« rühmte Cäsar sich der Völkermorde an ihnen, und 54 v. d. Z. setzte er nach Britannien über, um dem Römischen Reich nun auch noch große Teile dieser Insel einzuverleiben.

Wiederum eine Generation später gaben Tiberius und Drusus der keltischen Zivilisation zwischen Alpen und Donau den Rest, wo sich bislang noch die großen Völker der Räter und Noriker behauptet hatten. Das riesige Oppidum von Manching in Bayern wurde im Jahr 15 v. d. Z. zerstört; auf dem Boden der zerschlagenen Zivilisationen errichteten die Eroberer die Provinzen Raetia und Noricum. Lediglich jenseits der Grenzen des Römischen Imperiums und damit in den Randregionen des antiken Europa gab es jetzt noch freie keltische Populationsinseln: vor allem in den westlichen und nördlichen Gebieten Britanniens sowie in Irland;

außerdem in Böhmen, wo aus Gallien versprengte Stämme Zuflucht bei den germanischen Markomannen unter ihrem König Marbod gefunden hatten und sich in der Folge mit diesem Volk vermischten. Die La-Tène-Zeit aber war mit dem Fall der mitteleuropäischen Donauländer beendet und die Welt der Druiden mit ihrem faszinierenden Angebot eines föderalen und nicht imperialistisch regierten Abendlandes untergegangen.

Das römische Machtprinzip hatte – zumindest für sehr lange Zeit – über den keltischen Geist des Miteinander gesiegt. Die fatalen Folgen sind in jedem Geschichtsbuch nachzulesen: Der menschenverachtenden Sklavenhaltergesellschaft des Römischen Imperiums folgte das Karolingische Kaiserreich, das im Verein mit der römisch-katholischen Kirche die mittelalterliche Feudalherrschaft begründete und sich vor allem in Ost- und Nordeuropa einer ganzen Reihe von Völkermorden im Zuge der Zwangschristianisierung des Kontinents schuldig machte. Nicht weniger dunkel war die Epoche, da das Heilige Römische Reich Deutscher Nation im jahrhundertelangen Kampf mit dem ebenfalls imperialistisch denkenden und agierenden Papsttum lag. In jener Ära leistete sich Europa die Verbrechen der Kreuzzüge und später unter dem Zeichen des Kruzifixes die Genozide an der Urbevölkerung Mittel- und Lateinamerikas; ebenso taten sich Vertreter des machtbesessenen abendländischen Ungeistes bei der Versklavung schwarzafrikanischer oder auch ostasiatischer Völker hervor.

Weil der keltische Geist der Toleranz und des Miteinander unterdrückt worden war, wurden ferner die entsetzlichen innerchristlichen Religionskriege möglich, die vor allem vom 13. bis zum 17. Jahrhundert wüteten. Unter anderem wurden die Katharer, Templer, Bogomilen und Wiedertäufer ausgerottet; ebenso kam es zu Massenmorden an den Hussiten, Hugenotten und Kamisarden, worauf der dogmatische Haß schließlich in der Katastrophe des Dreißigjährigen Krieges zwischen Katholiken und Protestanten gipfelte. Kaum hatte dieser Irrsinn sich totgelaufen und hatte die Aufklärung eingesetzt, scheiterte selbst die Französische Revolution am Machtwahn eines Napoleon, der ganz im römischen Ungeist die Herrschaft nunmehr seiner »Grande Nation« über das Abendland anstrebte. Und nachdem Europa deswegen sein neuerliches Debakel erlebt hatte, verstieg sich das Britische Empire dazu, die halbe Welt beherrschen zu wollen. Da die Interessen des englischen Königshauses dabei aber mit denen anderer machthungriger Monarchen kollidierten, brach der Erste Weltkrieg aus. Nur 21 Jahre nach dem ohnehin brüchigen Friedensschluß folgte das zweite, noch ungleich schlimmere Völkermorden – ausgelöst von Hitler, einem Erzkriminellen ganz in der Tradition römischer und mittelalterlicher Despoten, der noch immer nichts aus der Geschichte gelernt hatte und deswegen mit seinem »Dritten Reich« abermals ein menschenverachtendes Imperium zu etablieren versuchte.

Diese jahrtausendelange Fehlentwicklung aber hätte vermutlich vermieden werden können, wenn es den keltischen Druiden gelungen wäre, Europa auf Dauer in ihrem Sinn des Miteinander zu formen. Ein großes Stück dieses Weges hatten sie – ausgehend vom Böhmischen Kessel – bereits zurückgelegt, doch ihn zu vollenden, war ihnen leider nicht vergönnt. Nach dem römischen Triumph und anschließend der christlichen Missionierung des Abendlandes blieb den wenigen Überlebenden nichts anderes übrig, als den Traum von einer Welt im Geist des *Celtic Spirit* wenigstens in einigen Randregionen des Kontinents am Leben zu erhalten.

Dies immerhin gelang, wie die Wiedergeburt des entsprechenden Bewußtseins am Ende des zweiten Jahrtausends in vielen Gegenden Europas zeigt. Allen Widerständen zum Trotz haben sich zudem einige kleine keltische Völker genügend Selbstbewußtsein bewahrt, um heute wieder auf regionale Eigenständigkeit zu pochen und sie mit friedlichen Mitteln durchzusetzen. Dies gilt – Irland mit seinem Handikap einer fundamental christlichen Prägung einmal ausgeklammert – speziell für Schottland und Wales, wo derzeit eigene Parlamente erprobt werden und seit einiger Zeit auch die alte Sprache wieder öffentlich gepflegt wird. Besonders von diesen Ländern könnte eines vielleicht gar nicht mehr fernen Tages ein neuer Aufbruch im Sinn des Druidentums ausgehen, doch auch in Zentraleuropa sind bereits derartige Ansätze zu beobachten …

Noch einmal habe ich nach der Niederschrift dieses langen historischen Abrisses das unscheinbare Feld in der Nähe des niederbayerischen Marktfleckens Aufhausen aufgesucht. Und wieder trage ich die anthrazitfarbene la-tène-zeitliche Scherbe bei mir, die ich im Pludern des Märzwindes hier aufgelesen habe. Wie damals blicke ich nach Norden, wo in etwa dreißig Kilometer Entfernung die Silhouette des Bayerischen Waldes zu erkennen ist: die natürliche südliche Umwallung des Böhmischen Kessels.

Dort, in der geographischen Mitte des Abendlandes, wurde das Keltentum vor beinahe dreitausend Jahren geboren – und die Druiden übernahmen das Bild des Kessels später in ihre Metaphysik. Sie symbolisierten damit einen grundlegenden Aspekt ihrer Kosmologie: Aus der Verschmelzung vieler Wesenheiten in jenem mythologischen Gefäß, das sowohl für den Erdmutterschoß als auch für das All steht, formen sich die Aspekte des Lebens wieder und wieder neu. Aus diesem Begreifen aber entsteht mir nun Hoffnung, und ich glaube eine oder einen der *Großen Wissenden* flüstern zu hören: »Nichts bleibt so, wie es ist ... In unendlicher Vielfalt sind die Geschicke der Menschen, Tiere, Pflanzen, Steine und Sterne verflochten ... Neu kann am ewigen Strang gewebt werden, wenn der Geist eines neuen Zeitalters es will ...«

Ich betrachte die Scherbe in meiner Hand, sehe die feinen, hellen Einsprengsel im dunklen Ton glitzern – und dann kommt mir das »Projekt Gabreta« in den Sinn, das in diesen Frühlingstagen 1998 in einem der Täler des Bayerischen Waldes auf einem bereits von Kelten besiedelten Areal gestartet wurde. Tschechen und Deutsche haben die Rekonstruktion einer la-tène-zeitlichen Siedlung in der Gemeinde Ringelai (Landkreis Freyung-Grafenau) gemeinsam konzipiert und dem Projekt, das keineswegs nur Touristenattraktion werden, sondern nach dem Fall des »Eisernen Vorhanges« auch eine völkerverbindende Aufgabe übernehmen soll, den slawischen Namen für die *Keltoi* gegeben. Und genau dadurch drückt sich im Übergang vom zweiten zum dritten Jahrtausend neuerlich jener Geist aus, der einst aus dem Böhmischen Kessel kam: der *Celtic Spirit*, der das tiefste Wesen des Druidentums ausmachte.

II

Am Anfang standen Schamaninnen

Welche Riten waren es, die man vollzog, als der junge Mann von Aufhausen vor rund 4200 Jahren in sein jungsteinzeitliches Grab gelegt wurde? Dank der modernen Archäologie und zudem durch sowohl rationales als auch intuitives Begreifen der vorgeschichtlichen Denkweise läßt sich das Geschehen recht gut rekonstruieren.

Die Glockenbecherleute hatten die Grube sicher schon tagsüber ausgehoben; weil der Tote aber aufgrund seines Geschlechts dem Norden und damit der Nacht zugeordnet war, fand das eigentliche Begräbnis wohl erst nach Sonnenuntergang statt. Weibliche Stammesmitglieder waren es, vermutlich drei, die den früh Verstorbenen im Schein der Kienfackeln herantrugen. Die Jungfrau, die Mütterliche und die Greisin, die zusammen den Kreislauf des Tagesgestirns und damit des Lebens symbolisierten, betteten die Leiche, von der die Totenstarre bereits wieder abgefallen war, mit dem Kopf nach Norden und dem Blick gen Osten ins Grab. Dann wurde der Körper gleich einem Embryo gekrümmt und mit Hilfe von Pflanzenfasern, die um Hals und Unterschenkel geschlungen wurden, in der genannten Stellung fixiert. Die alte Frau, zugleich Schamanin des Dorfes, stellte die beiden mit Getreide gefüllten Tongefäße in die Grube: eines beim Haupt, das andere bei den Füßen des Toten. Ebenso legte sie ihm zwei Messerchen sowie eine Pfeilspitze aus Feuerstein in Reichweite, um anschließend die Bedeutung der Grabbeigaben zu erklären.

Gleich dem Getreide, das von Generation zu Generation neu zu sprießen vermag, sollte auch der Verstorbene sich aus seinem verbrauchten Leben heraus umwandeln zur körperlichen Existenz in einem weiteren. Als Embryo im Erdmutterschoß sollte er wie das Korn die Kraft zu neuem Aufblühen in einem menschlichen Mutterleib gewinnen. Wenn die Zeit dazu käme, sollte er mit Hilfe der beiden Messerchen die geistigen und körperlichen »Fesseln« des Todes durchtrennen, um sodann zielbewußt wie ein Pfeil in sein künftiges Dasein einzutauchen. So würde im Kreislauf der Wiedergeburten auch für ihn eine neue Sonne am östlichen Horizont erscheinen, und er würde sich auf der Lebensbahn nach Westen tragen lassen, bis wiederum die Zeit für eine Umwandlung innerhalb des ewigen Zyklus gekommen wäre.

Nachdem die Bewohner des neolithischen Dorfes dies verinnerlicht hatten, wurde das Grab geschlossen – die Schamanin aber hatte durch ihre heilige Zeremonie lange vor der keltischen Epoche einen Grundstein für das Denken der Druiden im letzten vorchristlichen Millennium gelegt. Deren geistige Wurzeln griffen schließlich weit in die Jahrtausende vor ihrer eigenen Ära zurück, und damit sie gefunden werden können, war es zu Beginn dieses Kapitels nötig, das matriarchal definierte Begräbnisritual der Glockenbecherleute zu schildern. Denn am Anfang der faszinierenden Entwicklung, die ihren Höhepunkt in der La-Tène-Zeit erreichte, standen weiblich inspirierte und geführte Gesellschaften, wobei es jedoch irreführend wäre, von einer Frauen*herrschaft* im Sinne einer patriarchalischen Weltanschauung wie etwa derjenigen der Bibel zu sprechen.

Vielmehr setzten die matriarchalen Gesellschaften im Gegensatz dazu – und ebenso wie später die druidische Philosophie – bereits auf das Prinzip des Miteinander, statt auf das der Unterdrückung des anderen Geschlechts, und aus diesem Grund sollte man sie vielleicht besser als mütterlich bezeichnen. Auf diese Weise wäre zugleich gut ausgedrückt, welches Bewußtsein ihren innersten Kern ausmachte: Sowohl im alltäglichen Zusammenleben als auch in ihrer Metaphysik standen weiblich-liebevolles Handeln und Empfinden, das die Männer ganz selbstverständlich mit einschloß, im Vordergrund. Im religiösen Bereich manifestierte sich diese Geisteshaltung in der Erkenntnis und damit der Verehrung jener Göttin, die als Große Mutter oder Dreifache Göttin (des Lebenskreislaufes) überall in der Frühgeschichte des europäisch-asiatischen Raumes, aber auch anderer Kontinente anzutreffen ist.

Das Wirken dieser ewigen Gottheit konnte täglich neu an tausend verschiedenen Erscheinungsformen in Wald und Flur erfahren werden. Oder besser gesagt: Die Natur selbst war – in dieser für alle sichtbaren Manifestation – die Große Göttin. Ebenso zeigte sie sich den Menschen des Neolithikums sowie denen, die nach ihnen kamen, aber auch im Lauf der Sonne und der Gestirne und verband auf diese Weise Erde und Kosmos. Da die metaphysische Vorstellung von der Großen Mutter damit nicht auf einer Abstraktion, sondern auf ganz realen Beobachtungen beruhte, lag der von jedem denkenden Menschen nachvollziehbare Existenzbeweis der Gottheit in ihr selbst. Und weil die Große Göttin sozusagen die Gesamtheit aller natürlichen Lebenskräfte war, führten ihre Erkenntnis und das Befolgen ihrer alles andere als willkürlichen Gesetze logischerweise auch zu einem tiefen Einklang mit der Natur.

Die ersten Menschen, welche diese Zusammenhänge erkannt und sie zu einem Gedankengebäude ausgeformt hatten, waren – wiederum naturgemäß – Frauen gewesen. Ihnen gelang es offenbar auch, dieses »weibliche« Wissen sehr fruchtbringend in das soziale Leben ihrer Horden oder Stämme einzubringen, so daß sie zu nicht autoritär agierenden Führungspersonen innerhalb dieser frühen Zivilisationskerne wurden. Gleichzeitig gewannen sie aufgrund ihres nun wohl immer bewußteren Einklanges mit den Naturgesetzen bald weitere Fähigkeiten, zum Beispiel medizinischer, psychologischer und auch sensitiver Art, wodurch sie sich in der Folge zu Schamaninnen entwickelten. Weil diese frühen Lehrerinnen und Helferinnen der Menschheit aber wahre Weisheit besaßen, behielten sie ihr Wissen nicht eifersüchtig für sich, sondern die inspirierten Frauen bezogen allmählich auch dazu geeignete Männer in ihre schamanischen Tätigkeiten mit ein. Diese wiederum bereicherten das gemeinsame Leben durch ihre richtig genutzten geschlechtsspezifischen Fähigkeiten zusätzlich – und aus der Symbiose von beidem kam es schließlich zu jenem kulturellen Aufstieg, den die Historiker als Bronzezeit bezeichnen.

In dieser Phase der abendländischen und ebenso außereuropäischen Entwicklung hatte sich eine Gesellschaft herausgebildet, in der sich weibliche und männliche Komponenten die Waage hielten. Das Prinzip des Miteinander war damit durch den Anstoß, den die Schamaninnen gegeben hatten, zur weithin gültigen Grundlage des Zusammenlebens geworden. Diese Grundeinstellung aber, die jetzt bereits in sehr großen geographischen Räumen existierte, befähigte jene beiden, scheinbar so unterschiedlichen Völker, die um 1300 v. d. Z. im Böhmischen Kessel aufeinandertrafen, zu der friedlichen Verschmelzung, wie sie im vorangegangenen Kapitel beschrieben wurde. Und dies glückte, obwohl die Neuankömmlinge aus dem Osten andere religiöse Riten praktizierten und zudem vaterrechtliche Vorstellungen hegten, wie die Archäologen herausgefunden haben.

Das Vaterrecht und vor allem die Sonnenreligion der indogermanischen Zuwanderer hatten jedoch nichts mit autoritär patriarchalischem Denken zu tun, wie es sich ungefähr zur gleichen Zeit im Land der Bibel herausbildete. Vielmehr wurde durch die männliche Erbfolge lediglich eine von zwei möglichen Blutlinien definiert – und was die Sonnengottheit angeht, so war sie nach wie vor die Spenderin und Erzeugerin allen Lebens, also ganz im ursprünglichen Sinn des Erdmutterglaubens weiblich. Die Schamanen des Ostens hatten sie im Verlauf ihrer eigenen Entwicklung wohl lediglich als besonders griffiges metaphysisches Symbol für ihren speziellen Lebensraum gewählt; ansonsten aber sagte das Gestirn im Prinzip dasselbe aus wie die Getreidekörner in den Glockenbechern, die man den mitteleuropäischen Toten mit in die Gräber gab. Die Vorstellungswelt der neolithischen Schamaninnen war also hier wie dort im Kern unverändert bis in die Bronzezeit weitergegeben worden, und exakt dieser noch immer »weibliche« Geist hatte jene Symbiose ermöglicht, die nun im Böhmischen Kessel zur Ausformung der Urnenfelderkultur und durch Assimilation weiterer Stämme schon wenige Jahrhunderte später zum Auftreten der ersten hallstattzeitlichen Kelten führte.

Wie groß der Einfluß des vorgeblich schwächeren Geschlechts in der fraglichen Epoche noch war, zeigt sich am Beispiel der Skythen, eines südwestasiatischen Reitervolkes, das seine Jurten im siebten vorchristlichen Jahrhundert zeitweise ebenfalls in Mitteleuropa aufschlug und nicht ohne Grund in Verbindung mit den östlichen Ahnen der Kelten gebracht wird. Bei diesen Stämmen, deren herausragendes Kunsthandwerk die Besucher einschlägiger Ausstellungen bis heute begeistert, gab es Erzählerinnen, die eine sehr hohe, vermutlich auch sakrale Stellung einnahmen. Diese Frauen, deren Existenz und Tätigkeit durch erst kürzlich erfolgte Ausgrabungen nachgewiesen wurde, sorgten durch den Vortrag uralter »Mythen« offenbar dafür, daß die Erinnerung an den matriarchal geprägten Ursprung ihres Volkes wach blieb – und nichts anderes taten im keltischen Bereich die im Druidenrang stehenden Barden mit Hilfe ihrer gleichermaßen sehr weit in die Geschichte zurückreichenden Lehrgesänge.

Wenn aber den Kelten die Vergangenheit so wichtig war, dann kann daraus legitim geschlossen werden, daß es den Druiden, welche diese Erinnerungen ja gezielt am Leben erhielten, dezidiert auf die beiden grundlegenden Komponenten ihrer Herkunft ankam. Genau sie sollten im Bewußtsein der von ihnen geistig geführten Menschen präsent bleiben. Und nach allem, was wir über den zunächst von Schamaninnen geprägten spirituellen Ursprung des Druidentums wissen, kann es dabei nur um »weibliches« Denken im weiter oben definierten Sinn sowie um den ebenfalls bereits erwähnten tiefen Einklang mit der mütterlichen Natur oder eben der Großen Göttin gegangen sein.

Es läßt sich also eine ungebrochene Linie vom Neolithikum über die Bronzezeit bis herauf zur Hallstattepoche und weiter zum La-Tène ziehen – aber das ist wiederum nur einer der »Webstränge«, aus denen das geistige Geflecht des Keltentums letztlich in seiner Vollendung bestand. Denn gerade weil druidisches Bewußtsein in letzter Konsequenz ausgleichend und aussöhnend angelegt war, gelang es, immer noch weitere Völker mitsamt ihrer Metaphysik zu integrieren, wobei allerdings zur fraglichen historischen Zeit auch bei ihnen die entsprechende Grundeinstellung vorausgesetzt werden durfte – oder dank des sensiblen Einfühlungsvermögens der *Dru Wid* von neuem geweckt werden konnte. Jedoch nur unter der Prämisse des »weiblichen« Miteinander und nicht eines patriarchalischen Unterdrückungsprinzips konnte diese Verschmelzung über viele Generationen hinweg durchgehalten werden; allein das »umarmende« Denken der Schamaninnen, die am Anfang gestanden hatten, bot die Möglichkeit dazu.

Männer hatten sich damit von Frauen in einem außerordentlich positiven Sinn leiten, inspirieren und integrieren lassen; andererseits war aber wiederum erst durch dieses

Yin und Yang jener Entwicklungsprozeß ermöglicht worden, der zur umfassenden Kosmologie der *Großen Wissenden* führen sollte. Einzig auf diesem Weg konnte das Heiligtum von Avalon vollendet werden, das auf niedrigerer Stufe bereits im Neolithikum genutzt worden war, aber erst zu Beginn der La-Tène-Zeit zum hochgradig spirituellen Ensemble wurde, und ähnliches gilt für andere sakrale Orte des Keltentums überall in Europa.

Sie alle entstanden aus jenem tiefen Bewußtsein, wonach das Leben in seiner unendlichen Vielfalt aus dem Erdmutterschoß kommt, sich darin ewig umwandelt und aus dieser zeit- und raumübergreifenden Quelle heraus durch das »Bindeglied« der Anderswelt mit dem All verbunden ist. Die Große Göttin und eine mit ihr korrespondierende Sonnengottheit symbolisierten am Anfang die »Bandbreite« dieser Weltsicht in ihren beiden »Polen«. Bald jedoch gesellten sich über die gewaltlos assimilierten Völker weitere göttliche Wesenheiten hinzu, die freilich alle »nur« zusätzliche Aspekte des einzigen Ewigen waren. Dank dieser vielen real erkennbaren Facetten des Ganzen präzisierte sich schließlich die Vorstellung der Druiden vom allumfassenden Göttlichen insgesamt.

Der keltische Erkenntnisweg im metaphysischen Bereich war also genau das Gegenteil der biblischen Ausrichtung, wonach Jahwe keine anderen Götter neben sich duldete, sich selbst als »eifersüchtig« bezeichnete und seine Anhänger zur Verfolgung aller Andersdenkenden aufrief. Bereits in der Geschichte der Hebräer hatte sich diese Art von Theologie negativ ausgewirkt und für schwere Konflikte mit benachbarten Zivilisationen gesorgt. Ungleich schlimmer noch wurde es später im Christentum oder auch im Islam, besonders als diese Religionen so mächtig geworden waren, daß sie über ganze Kontinente hinweg zu agieren vermochten.

Einzig das Kreuz oder der Halbmond sollten nach der »Lehre« dieser großen monotheistischen Weltanschauungen herrschen, und die fatalen Folgen – bis herauf in die Gegenwart – sind bekannt. Das Keltentum hingegen, das ähnlich wie der Buddhismus die unendliche Vielfalt des Lebens und damit auch des Göttlichen erkannt und in seiner hochstehenden Kultur umzusetzen versucht hatte, wirkte genau deswegen aussöhnend und konnte dem Abendland damit seine Philosophie des friedlichen Miteinander und der Toleranz anbieten.

Unter dem Dach des druidischen Polytheismus und zugleich Pantheismus wurde dies im politischen und gesellschaftlichen Bereich eben durch die Schaffung des keltischen Zivilisationsgürtels umgesetzt, der sich während der letzten vorchristlichen Jahrhunderte von Irland bis Kleinasien zog und zahlreiche Völker unterschiedlicher Herkunft und Geschichte miteinander verknüpfte. Über dem Kontinent ging damals das Licht einer ersten gesamteuropäischen Zivilisation auf – und es war keineswegs Zufall, daß diese von den *Großen Wissenden* geschaffene Föderation sich in ostwestlicher Richtung über das Abendland ausbreitete. Das Aufblühen der druidischen Lehre folgte nämlich dem Sonnenweg, und der tiefere Grund dafür kann durchaus im innigen Einklang der *Dru Wid* mit jenem Gestirn gelegen haben, welches täglich neu den Schoß der Erdmutter befruchtet. Ebenso aber war dieser weitgespannte Ansatz vermutlich Ausfluß des asiatischen Erbes der Kelten; jener Indogermanen, die jahrhundertelang über die kaukasischen Steppen mit ihrem endlosen Horizont gestreift waren und denen Kleingeistigkeit von daher fremd war.

Darüber hinaus entsprach das druidische Modell für Europa in idealer Weise dessen geographischer Gestalt. Kein Erdteil nämlich ist so reich gegliedert wie der abendländische. Gebirge, Stromebenen, Hügelland, Küstenstreifen und Inseln wechseln einander im Kernland und auf den verschiedenen Ausläufern des Kontinents in rascher Folge ab. Weil die Kelten aber immer wieder den Einklang mit der Natur anstrebten, entwickelten sie beim Aufbau ihrer Föderation eine Form, welche dieser Eigenart Europas haargenau entsprach. Ein zentralistisches Gesellschaftssystem hätte sich dem so unterschiedlichen Charakter des Abendlandes nicht anpassen können; das föderalistische Prinzip hingegen, das quasi auf diese Individualität der Erde Rücksicht nahm und sich ihr von Fall zu Fall angleichen konnte, war optimal dafür geeignet. Anders ausgedrückt: Die Druiden hatten begriffen, daß Europa einzig in der Vielfalt leben kann, weil es auch geographisch ausgesprochen vielfältig angelegt ist. Diese Wahrheit aber, die vor mehr als zweieinhalbtausend Jahren erstmals entdeckt wurde, ist gerade heute – nach so vielen Irrwegen der beiden vergangenen Millennien – nicht weniger aktuell als zur Zeit des La-Tène.

Europäische Politik, so die Botschaft der Druiden für das kommende Jahrtausend, muß in Ausgewogenheit mit den natürlichen Vorgaben des Erdteiles gestaltet werden. In der keltischen Epoche konnte diese Maxime praktisch umgesetzt werden, weil die *Dru Wid* den von ihnen geführten Menschen auch den entsprechenden geistigen Hintergrund anzubieten vermochten. Dies war, einmal mehr, das Bewußtsein und das Bestreben, in Harmonie mit der Großen Göttin leben zu wollen – also jene zeitlos richtige und hilfreiche Einsicht, wie sie bereits von den Schamaninnen der Glockenbecherleute gelehrt worden war. Das Wissen um die existentielle Verbindung zwischen Mensch und Natur beschränkte sich jedoch nicht auf den politischen Bereich allein. Es umfaßte vielmehr sämtliche Aspekte des Lebens und griff – wenn wir uns jetzt noch einmal an den Sonnenweg erinnern, entlang dessen Ausrichtung das Keltentum aufblühte – bis in den Kosmos hinaus.

Das druidische Modell für Europa war infolgedessen ein ganzheitliches Angebot, das praktische Lebensweisheit ebenso wie Philosophie und Metaphysik einschloß – und damit wiederum in völligem Einklang mit der Kosmologie der *Großen Wissenden* stand, mit der wir uns im folgenden Kapitel beschäftigen wollen.

III

Das Kerngehäuse des Apfels

Einsam steht das Cottage am Rand eines Fleckens Torflandes in den Bergen von Connemara. Seine Dachkonstruktion ist eingestürzt, die hölzernen Tür- und Fensterfassungen von Wind und Regen ausgebleicht; von der ehemaligen Herdstelle blieb nichts weiter als kalter Stein. Doch noch immer ist auf dem verwitterten Querbalken über dem Eingang das einstmals tief eingegrabene geheimnisvolle Zeichen sichtbar: das fünfzackige Pentagramm, dessen durchgezogene Linie am Ende wieder in den Anfang einmündet.

Seit vielen Generationen steht das ärmliche Bauernhaus leer; vermutlich gingen hier letztmals um die Jahrhundertwende oder noch früher Menschen aus und ein. Ihre Nachfahren mögen in London leben, vielleicht auch in New York, und wahrscheinlich wüßten die Großstädter das Sinnbild, das einer ihrer Ahnen in den Türsturz schnitzte, nicht mehr zu deuten. Demjenigen aber, der hier im äußersten Westen Europas nach den Spuren des Druidentums sucht, ist es vertraut. Denn das Pentacle, wie es in den englischsprachigen Ländern genannt wird, oder der Drudenfuß, wie das Zeichen bis heute im Bayerischen Wald und im österreichischen Waldviertel heißt, symbolisiert seit Jahrtausenden die Kosmologie der *Großen Wissenden*.

Das Pentagramm, das seine positive Wirkung laut Volksüberlieferung allerdings nur dann entfaltet, wenn es »ausgewogen« auf zwei »Füßen« steht und mit seiner oberen Spitze zum Firmament weist, wurde und wird bis in die Gegenwart herauf von der ländlichen Bevölkerung einstmals keltischer Regionen geachtet und genutzt. Ebenso wie vor einigen Menschenaltern in jenem irischen Cottage, sollte es stets auch in Mitteleuropa die Bewohner eines Hauses vor Unglück schützen. Dies aber sind zumindest rudimentäre Erinnerungen an die frühere geistige Kraft dieses Symbols, das von den *Dru Wid* verwendet wurde – und so manche alte Bäuerin weiß noch immer um seinen Zusammenhang mit dem Apfel und ist imstande, den »magischen« Fünfstern aus dem Inneren der Frucht zu zaubern ...

Schneidet man nämlich einen Apfel auf bestimmte Weise auseinander, dann zeigt das Kerngehäuse ein natürlich gewachsenes Pentagramm. Über viele Jahrhunderte hinweg haben Kinder in den Bauernhäusern West-, aber auch Zentraleuropas staunend den so »wundersam« in der Fruchtmitte auftauchenden Fünfstern betrachtet – und wahrscheinlich lebte und lebt damit jahrtausendealte keltische Pädagogik weiter. Denn der Apfel war ein jederzeit greifbares Hilfsmittel, um den Schülern der *Großen Wissenden* das Prinzip der druidischen Kosmologie vor Augen zu führen. Im britannischen Avalon, dessen eigentlicher Name *Ynys Avallach* (Insel der Äpfel) lautete und wo Apfelgärten und Heiligtümer der *Dru Wid* gewiß nicht zufällig in unmittelbarer Nachbarschaft lagen, wird dies so gewesen sein; ebenso an anderen Orten wie Mona (Anglesey) oder Manx (Insel Man), wo es Druidenschulen gab.

Unter freiem Himmel und oft in der Nähe uralter, vielfach noch vorkeltischer Steinsetzungen könnten sich die naturphilosophischen und zugleich naturwissenschaftlichen Lektionen dann so ähnlich abgespielt haben, wie wir dies nun zu rekonstruieren versuchen.

Das Messer eines *Großen Wissenden* zerteilte den Apfel und legte das verborgene Kerngehäuse frei. Von Hand zu Hand wanderte die Fruchthälfte langsam durch den Kreis der Studierenden: Frauen und Männer, die meisten zwischen Zwanzig und Dreißig, die sich entschlossen hatten, den faszinierenden, aber auch langwierigen druidischen Erkenntnisweg zu gehen, der im Regelfall ungefähr zwei Jahrzehnte in Anspruch nahm. Nachdem die Schüler schließlich das Sinnbild des Pentagramms verinnerlicht hatten und der aufgeschnittene Apfel zum geduldig wartenden Druiden zurückgekehrt war, stellte dieser die Frage nach den beiden Gottheiten, denen der Fünfstern als Zeichen zugeordnet war.

Eine der jüngeren Frauen sprach den Namen der Großen Mutter aus, der im westeuropäischen Kulturkreis der Kelten Morrigan, ebenso aber Ceridwen[1] lautete. Und sie erklärte, daß das dreifache Wesen dieser Göttin mit dem Pentagramm verknüpft sei. Schoß, Brüste und Stirn trügen das strahlende fünfzackige Symbol, wodurch die beiden heiligen Zahlen – die Drei und die Fünf – sich im spirituellen Erscheinungsbild Morganas vereinigten.

Zufrieden nickte der *Dru Wid* und forderte sodann einen seiner männlichen Schüler auf, den strahlenden Gefährten der Großen Göttin zu benennen.

»Der Leuchtende trägt den Namen Gawain«, lautete die Antwort. »Er ist der Sonnenheld, und auch auf seinem Schild findet sich das Zeichen. Er ist dadurch mit der Großen Mutter verbunden.«

»Damit symbolisiert das Pentagramm jene Verflechtung, die zwischen der Erde mit ihrem Mond, der Sonne, deren Planeten und den weiter entfernten Sternen im Mantel ihrer Milchstraßen besteht«, bestätigte der Druide. Erneut hatte er damit die Fünfzahl angesprochen, und nun erklärte er den künftigen *Großen Wissenden* den Aufbau des gesamten astrophysikalischen Systems, das sich zur Ewigkeit des Alls zu-

---

[1] Auf die Namens- und Erscheinungsvielfalt der keltischen Götter wird im folgenden Kapitel näher eingegangen.

sammenfügt. Seine Ausführungen beruhten dabei nicht nur auf der Kenntnis des heliozentrischen Weltbildes, so wie es auch anderswo in der europäischen Antike bekannt war, ehe christliches Denken es auf eine geozentrische Vorstellung verengte. Er versuchte seinen Schülern zudem begreiflich zu machen, daß das Pulsen der unendlich vielen astralen Spiralen oder Galaxien gleich allem irdischen Leben aus einem kosmischen Mutterschoß entspringt und wieder und wieder dorthin zurückkehrt, um sich in diesem Kessel des Lebens stets von neuem umzuwandeln und zu regenerieren.

Mit Sicherheit ließ der Druide den Lernenden nun genügend Zeit, um das Gehörte zu verarbeiten und die gewonnenen Einsichten durch Beobachtung des Sternenhimmels zu vertiefen. An einem der nächsten Tage dann, als er das Gefühl hatte, seine Schüler hätten den astrophysikalischen Aspekt des Fünfsterns mit der vom Anfang bis zum Ende durchgezogenen Linie intensiv genug verinnerlicht und seien damit reif für den nächsten Schritt, ging er auf die zweite und noch tiefere Bedeutung des Pentagramms ein.

Zunächst, indem er auf einen Apfelbaum in unmittelbarer Nähe, einen Menhir auf einer Hügelkuppe in einiger Entfernung und sodann auf einen vorbeiziehenden Vogelschwarm wies, machte er der Gruppe der angehenden *Dru Wid* das Wesen der drei sichtbaren irdischen Dimensionen bewußt. Er betonte, daß sich diese leicht erkennbare Welt, die von jedem Menschen ohne Schwierigkeiten erfaßt werden kann, aus Länge, Breite und Höhe zusammensetzt. Anschließend schwieg er eine Weile und schickte dabei einen Gedankenimpuls an seine beste Schülerin, deren Ausbildung zu einer *Vates*, also einer Sensitiven vor allem im hellseherischen Bereich, schon bald abgeschlossen sein würde. Als die etwa fünfunddreißigjährige Frau reagierte und die Beschwörung, die sie mental vernommen hatte, jetzt verbal wiedergab, lächelte der Druide und stellte die Frage nach dem Pfad, auf dem sein eigener Geist sich mit dem der Meisterschülerin verbunden hatte.

»Jene Kräfte, die wir mit den Händen nicht zu greifen vermögen, bewegen sich entlang der Fäden und Knoten der Anderswelt«, antwortete ein jüngerer Eleve, der neben der Sensitiven auf der sonnenwarmen Erde saß.

Als der *Große Wissende* ihn jedoch aufforderte, das Prinzip dieser Anderswelt zu definieren, verhedderte der Schüler sich in reichlich gewundenen und wenig präzisen Ausführungen, bis der Druide ihn nachsichtig unterbrach und erneut selbst das Wort ergriff.

Folgendes sagte er zum Wesen der unsichtbaren vierten Dimension: »Betrachtet noch einmal den Baum hier in unserer Nähe, dazu den Menhir drüben auf dem Hügel und den Vogelschwarm, der jetzt neuerlich über unseren Köpfen kreist. Länge, Breite und Höhe sind die Säulen der uns jederzeit zugänglichen Welt, und scheinbar ist der größte Teil des Raumes zwischen ihnen leer. Wir glauben dort lediglich das Fächeln des Windes zu spüren; in Wahrheit jedoch ist diese vermeintliche Leere vom selben großen Netzwerk des Lebens durchwoben wie Steine, Pflanzen, Tiere oder auch wir Menschen. Der Unterschied besteht lediglich darin, daß unsere Augen den einen, gröberen Ausfluß dieser Struktur erblicken können, den feineren dagegen nicht. Wenn wir dies aber nun begreifen, so erkennen wir auch das Wesen der Anderswelt, welche verborgen und dennoch zutiefst wirklich mit allem Sichtbaren verflochten ist ...«

»Dann verhalten sich die beiden Welten wohl ähnlich zueinander wie die verschiedenen Erscheinungsformen der Gläsernen Insel draußen vor unserer Küste«, warf eine der Schülerinnen ein. »An gewöhnlichen Tagen unterscheidet sich die *Ynys Vitrin* nicht von den anderen Eilanden ringsum. Zu besonderen Zeiten aber, wenn Sonne und Meeresdunst miteinander verschmelzen, erweckt sie den Eindruck, als schwebte allein noch ihr Gipfel über den Wellen, während ihr Sockel sich in eine andere Form des Daseins umgewandelt hat, die nur noch wie ein lichtdurchfluteter Schatten ist ...«

»Man könnte sagen, daß auf diese Weise das verborgene Antlitz hinter ihrem diesseitigen hervortritt«, nickte der Druide. »Sehr richtig hast du erkannt, daß das Unsichtbare im Sichtbaren und ebenso das Sichtbare im Unsichtbaren enthalten ist. Das verbindende Element wiederum, welches sowohl mit dem einen als auch dem anderen verknotet ist, bezeichnen wir als das Netz der Anderswelt – und sie selbst ist die vierte Säule, welche neben jenen drei anderen die Erde und das Weltall trägt. Ihre Erkenntnis aber ermöglicht es den Eingeweihten unter Umständen, auf eine noch höhere geistige Ebene zu gelangen, von wo aus sodann der fünffach verflochtene Zusammenklang des Kosmos in seiner größten und ewigen Harmonie zu vernehmen ist ...«

»Und erneut ist diese fünffache Verknüpfung auch im Kerngehäuse des Apfels symbolisiert, nicht wahr?« rief die junge Frau, die vorhin von der »Gläsernen Insel« gesprochen hatte.

Einmal mehr gab der Druide ihr recht; als einige andere Wißbegierige jedoch Näheres wissen wollten, winkte er ab und bestand darauf, das eben Gehörte zunächst noch einmal zu rekapitulieren.

Langsam sprach er: »So wie die Seehunde dort draußen im Meer, gleiten die drei sichtbaren Dimensionen durch den Ozean der vierten, den wir uns aber in unserem Fall als unsichtbar vorstellen müssen. Unmerklich durchdringt, umschließt und behütet die Anderswelt damit alles Greifbare und hüllt es ein in ihren umfassenderen Rahmen. Nicht mehr nur Länge, Breite und Höhe sind in ihr enthalten, sondern zusätzlich die Möglichkeit der immerwährenden Veränderung alles Fest- und Feinstofflichen: die Umwandlung in den Knoten zwischen Leben, Tod und neuem Leben sowohl auf körperlicher als auch geistiger Ebene. Ebenso spielt die Anderswelt mit der Zeit, welche in dieser vierten Dimension gedehnt, verkürzt oder sogar völlig aufgehoben werden kann.«

Nachdem er seinen Schülern Gelegenheit gegeben hatte, über seine Worte nachzudenken, setzte er hinzu: »Noch sehr viele weitere Geheimnisse, die mit den ärmlichen Mitteln der menschlichen Sprache freilich nicht beschrieben werden können, sind in jenem verborgenen Ozean enthalten, der den Kosmos in seiner ganzen ewigen Fülle durchströmt. Immerhin aber können wir Menschen, so wir unsere körperlichen und geistigen Sinne entsprechend schärfen, etwas davon erahnen, wenn entweder gewisse Erscheinungen der Natur jäh unsere Herzen verzücken, oder wenn wir den Gesängen begnadeter Barden und dem weich dröhnenden Klang der Harfensaiten lauschen …«

Lange herrschte danach andächtiges Schweigen im Kreis der Studierenden. Zuletzt, als der Nachmittag bereits in die Abenddämmerung überging und sich am Firmament die ersten Sternbilder zeigten, teilte der *Dru Wid* neuerlich einen Apfel, ließ die Hälfte mit dem feucht glänzenden Kerngehäuse einmal mehr von Hand zu Hand gehen und kündigte an: »Vier Aspekte des Pentagramms sind bereits in eurem Bewußtsein verankert. Laßt uns also nun vom fünften und letzten sprechen, welcher das Ende der verschlungenen Linie wieder mit ihrem Anfang zusammenfügt. Um diese Dimension zu begreifen, solltet ihr euren Blick nunmehr zum Himmel wenden …«

Der *Große Wissende* wartete geraume Zeit ab, bis die Planeten und Fixsterne in ihrer ganzen Pracht am jetzt nächtlichen Firmament sichtbar waren; erst dann erklärte er: »Jeder dieser flimmernden Punkte dort draußen ist eine Sonne gleich der unseren, und auch sie werden von Trabanten ähnlich der Erde, auf der wir leben, umkreist.[2] Auf diesen Umläufern nun existieren wiederum jene vier Dimensionen, denen wir heute nachgespürt haben; in ihren besonderen Ausformungen können sich die drei ersten Säulen freilich grundlegend von denen unseres irdischen Lebensraumes unterscheiden. Wo auf Erden unter anderem Bäume, Steine und Vögel mit dem Netz der Anderswelt verknüpft sind, kann es sich auf jenen fernen Planeten um völlig andere Erscheinungsformen – allerdings innerhalb des gleichartigen Rahmens des Feinstofflichen – handeln. Denn die Vielfalt des Lebens und seiner Gestalten in den Spiralen des Alls ist unendlich groß, weil die immerwährende Umwandlung der Materie Abermillionen Spielarten des dreidimensionalen Daseins hervorzubringen vermag ...«

»Traumwesen, wie unsere Künstler sie darstellen, wenn ihr Blick die irdischen Grenzen überwindet«, flüsterte die Meisterschülerin, die schon bald eine *Vates* sein würde. »Der Stier mit dem Drachenschweif und der Fisch mit dem Widdergehörn. Riesige beseelte Augen im Schädel des Baumes. Schlangen, die am Firmament tanzen. Der gefiederte Hahn mit menschlichem Antlitz. Aus Pflanzenfasern gewobene Menhire. Und die Facetten des belebten Kristalls, die sich wie Mollusken über metallisch schimmernde Erde winden ...«

---

[2] Das Wissen um die Existenz von anderen Sonnensystemen mit ihren Planeten ist keine Errungenschaft der Moderne. Wie entsprechende uralte Überlieferungen von Naturvölkern, beispielsweise Afrikas, beweisen, konnte diese Erkenntnis wohl auch durch intuitive Himmelsbeobachtung gewonnen werden.

»Dies könnte eine jener Welten sein«, stimmte der Druide zu. »Ihre Zahl aber, ich sagte es bereits, ist unendlich groß, und ebenso vielfältig ist die Summe ihrer Variationen, die sich aus der immerwährenden Umwandlung ergeben. Aber nicht nur die äußeren Erscheinungsformen des Lebens changieren auf diese Weise, sondern ebenso die nicht materiellen wie etwa die Zeit. Hier umfaßt der Atemzug eines aus Stein und Sternenlicht geformten Wesens Jahrhunderte, dort wieder entsteht und vergeht ein Wald samt dem flüssigen Hügel, der ihn trägt, innerhalb weniger Lidschläge. Einmal ballt sich die Zeit wie in einem engen, aus starkem Eisen gehämmerten Kessel zusammen, dann wieder schweift sie flüchtig und kaum faßbar zwischen den Sternen und berührt einen Planeten nur leicht wie im Schlaf. Manchmal verschwindet die Zeit sogar völlig, um anderen, ihr verwandten Wesenheiten Platz zu machen: schwarzen, bodenlosen Abgründen, in denen ganze Sternensysteme wie in unendlich tiefer Lähmung verharren; ebenso aber spiralig fegendem Feuer, das im Moment seines Seins, das wiederum identisch ist mit seinem Nichtsein, sowohl existent ist, als auch existent war und existent sein wird ...«

Der *Dru Wid* beugte sich nieder, nahm eine Handvoll Sand auf und ließ die feinen, im Mondlicht glitzernden Partikel zurück zur Erde rieseln. »Jedes Körnchen entspricht einer der Welten dort oben«, sagte er leise. »Und doch sind alle irdischen Dünen entlang der Meeresgestade zusammengenommen noch nicht einmal ein winziges Staubkorn gegenüber der Unermeßlichkeit des Alls. Unendlich mannigfaltig sind infolgedessen auch die verschiedenen Erscheinungsformen des auf den drei sichtbaren Säulen aufgebauten Lebens jenseits der irdischen Bereiche; jedes für sich durchwoben von der unsichtbaren Sphäre der Anderswelt. Und machen wir uns nun die grenzenlose Zahl der Spielarten innerhalb dieses vierdimensionalen Raumes bewußt, dann können wir die Gestalt des Allumfassenden, das sämtliche fünf Ebenen des kosmischen Daseins umgreift, zumindest schattenhaft erkennen ...«

Noch einmal hob der *Große Wissende* den aufgeschnittenen Apfel, deutete auf das Kerngehäuse und sprach weiter: »Das Pentagramm, in dem das universelle Gesetz des Weltraumes und des mit allen Sternen verflochtenen Lebens sich ausdrückt, enthält in seiner fünften Dimension die Summe aller anderen wahrnehmbaren und verborgenen Möglichkeiten. Die fünfte Ebene ist quasi das Firmament, das die Ozeane der vierten überspannt, und aus diesen Meeren wiederum erheben sich die zahllosen Inseln, deren Horizont von Länge, Breite und Höhe begrenzt wird. Die Brücke aber, die sowohl Eiland mit Eiland als auch jede dieser Inseln mit den Tiefen des Kosmos verbindet, ist die Anderswelt. Da sie gleichermaßen diesseitig wie jenseitig existiert, vermag sie sich dort, wo Ozean und Himmel verschmelzen, mit dem allumfassenden Geist des Universums zu vereinigen: dem Göttlichen, das die Krone mit den fünf Spitzen trägt, deren verschlungene Linie am Ende wieder in den Anfang einmündet – und das von daher weder Anfang noch Ende hat ...«

Unter Aufbietung all ihrer geistigen Kraft versuchten die Druidenschüler auch dies zu verinnerlichen; sehr lange saßen sie wie in Trance unter dem Nachthimmel, über den die Sterne langsam ihre Bahnen zogen. Erst im Morgengrauen folgten sie ihrem Lehrer zurück zu den Gebäuden der in der Nähe liegenden Ringwallanlage, und manche von ihnen spürten dabei, während die Nebelschwaden ihre Körper umflossen, die zarte und dennoch erschütternde Berührung der Anderswelt.

✧✧

So in etwa könnten die *Dru Wid* ihr Wissen vermittelt haben: mit Hilfe von Bildern aus der irdischen Natur, in der sie real und metaphorisch zugleich die weiterreichenden kosmischen Gesetzmäßigkeiten ausgedrückt sahen. Weil sie Verstand, Intuition und spirituelles Empfinden bis an die Grenzen des Menschenmöglichen entwickelt hatten, waren sie imstande, den dreifachen Erkenntnisschritt von der sichtbaren Dimension über die Anderswelt bis hin zur Erkenntnis eines fünfdimensionalen Kontinuums zu tun: jener grenzenlos umfassenden Sphäre, die sämtliche anderen räumlichen, zeitlichen und sonstigen Erscheinungsformen des Alls in ihren unendlichen Variationsmöglichkeiten in sich einbindet.

Nach dem Untergang des Keltentums schlossen sich diese geistigen Pforten zumindest für Europa wieder; erst im 16. nachchristlichen Jahrhundert erahnte der geniale Italiener Giordano Bruno[3] erneut etwas vom Wesen dieser druidischen Kosmologie, und im 20. versuchte Albert Einstein Teile davon in seiner Relativitätstheorie zu formulieren. Aus einer längst nicht mehr intuitiv und spirituell geprägten Gesellschaft kommend, beschränkte der Nobelpreisträger sich allerdings auf einen rein naturwissenschaftlichen Denkansatz, während die *Großen Wissenden* zusätzlich die verborgene und wenigstens teilweise metaphysische Realität der Anderswelt als Bindeglied zwischen der irdischen und kosmischen Ebene erkannt hatten. Genau diese »changierende« Dimension aber ist der Pfad, der allein zum vollen Begreifen der Bedeutung des Pentagramms befähigt; deshalb hier noch einmal der Versuch, ihre Besonderheit sprachlich einzukreisen.

---

[3] Die Lehre des Philosophen Giordano Bruno wird im Kapitel »Die Bestiensäule und der Mönch« ausführlich vorgestellt.

links: Junger Mann in »Embryo-Stellung« im jungsteinzeitlichen Grab von Aufhausen.
(ca. 4200 Jahre alt)

unten: Jungsteinzeitliches Grab (Vergrößerung). Über dem Kopf des Skeletts ist eines der mit Getreide gefüllten Tongefäße (Grabbeigabe) zu erkennen.

Projekt »Gabreta« im Bayerischen Wald. Zum Ende des 2. Jahrtausends Bautechniken angewandt werden.

wird hier wieder ein keltisches Dorf errichtet, wobei die keltischen

Zentraler »Altarstein« des Steinkreises von Ringelai (mit eingefressenem Kreuz).

rechts: Prähistorisches Steinheiligtum nach dem Prinzip von »Beltane und Samhain« (Yin und Yang) im Bayerischen Wald.

unten: Der »Heidenstein« bei Burghausen (Bayern) - mit Sicherheit einst ein Heiligtum der Dreifachen Göttin.

Avebury Rings in Britannien.

Moderne »keltische« Metallplastik im Hof der Burganlage von Burghausen (1997).

Wir wollen uns zu diesem Zweck das bekannte Bild der »Nebel von Avalon« vor Augen führen, so wie es die Romanschriftstellerin Marion Zimmer-Bradley, die immerhin einiges geahnt zu haben scheint, zahllosen Lesern nahegebracht hat: Im sagenumwobenen Herzen der britischen Grafschaft Somerset lag inmitten eines inzwischen verlandeten Sees einst die *Ynys Avallach* (mit der wir uns im Kapitel »Avalon – ein Tor zur Anderswelt« noch sehr eingehend beschäftigen werden). Die brodelnden, magischen Nebelschleier dort verbargen den Anblick des Eilands vor den Augen gewöhnlicher Menschen; gleichzeitig wiesen sie aber den Eingeweihten den Zugang zur vierten Dimension. Die Bestsellerautorin schildert, wie die Druidin Morgana mehrmals in ihrem Leben den Nachen besteigt, der von entrückt schweigenden Fergen gesteuert wird. Am diesseitigen Ufer des Sees stößt das Boot ab, die Konturen der vertrauten Welt scheinen sich aufzulösen – und wenig später, wenn der Kahn die Gestade der Insel erreicht, hat die Realität sich völlig verändert. Morgana bewegt sich nun in einem parallelen Kontinuum, wo unter anderem die Gesetze der greifbaren Materie sowie der Zeit aufgehoben sind – und dort trifft sie auf Wesen oder erlebt Dinge, die im Diesseits nicht möglich wären.

In einer besonders beeindruckenden Szenenfolge des Romans beanspruchen sowohl ein keltisches Heiligtum als auch eine christliche Kirche denselben Platz auf einer Anhöhe der Insel von Avalon. Einmal gewinnen in den Augen Morganas die Bäume des uralten Haines Substanz, dann wieder verwandeln sich die Pflanzen zum Mauerwerk des vom Kreuz gekennzeichneten Sakralbaues. Die verschiedenen Erscheinungsformen ändern ihre Gestalt in Abhängigkeit von dem jeweiligen Geist – heidnisch oder christlich –, der an diesem Ort und in der Seele der Betrachterin gerade vorherrscht. Zwei verschiedene Realitäten sind also in dieser vierdimensionalen Welt miteinander verflochten, und Morgana ist in ihrer Eigenschaft als *Dru Wid* imstande, beide zu erblicken und sich ihnen nicht nur mental, sondern auch körperlich zu stellen.

Diese hier sehr verkürzt wiedergegebenen Romanpassagen, in denen man auf den ersten Blick nichts weiter als simple Fantasy vermuten könnte, umreißen nun sehr zutreffend das Wesen der vierten Dimension. Die alternative Anderswelt ist sozusagen als vielfältige Variation der dreidimensionalen Diesseitswelt existent und »spielt« auf einer parallelen Ebene mit deren Erscheinungsformen. In einem Raum, der quasi aus verschiedenen »ineinandergeschachtelten Schalen« besteht, folgt die Zeit nicht länger den »gewöhnlichen« Gesetzen. Vielmehr können Ereignisse, von denen eines etwa im letzten vorchristlichen und das andere im sechsten Jahrhundert bereits christlicher Zeitrechnung stattfand, zusammen ablaufen: ähnlich wie zwei verschiedene Filme, die gleichzeitig auf eine Leinwand projiziert werden.

Die »Augenzeugin« Morgana befindet sich, um beim Beispiel der Marion Zimmer-Bradley zu bleiben, damit sowohl in einer keltischen als auch in einer frühchristlichen Umgebung und kann ihren geistigen Horizont entsprechend erweitern. Dabei gilt freilich, daß das Bild der übereinander projizierten Filme lediglich als Denkhilfe dient, denn die Erfahrung der Anderswelt erfolgt keineswegs allein im optischen Bereich; vielmehr sind alle fünf Sinne und zudem die sensitiven Bereiche des menschlichen Empfindens tangiert. Ebenso ist die Erfahrung der vierten Dimension nicht auf diese Wahrnehmungsebenen allein beschränkt, sondern sie erfolgt »ganzheitlich«, was – unter anderem – bedeutet: Sämtliche früheren Leben eines Menschen werden bei einer

»Wanderung« durch die Anderswelt ebenfalls wieder greifbar, und die Fülle der Erfahrungen aus diesen scheinbar vergangenen Existenzen erweitert das Bewußtsein eines »Adepten« noch zusätzlich.

Hat ein Eingeweihter diesen höheren Bewußtseinszustand erreicht, so bewegt er sich ferner auf einem Niveau, wo physikalische und metaphysische Phänomene als ursächlich miteinander verbundene Aspekte eines einzigen größeren Daseins erfahren werden können. Dieser Einklang trägt nunmehr den initiierten Besucher, welcher jetzt unendlich intensiv zu denken, zu fühlen und zu erkennen vermag. Einerseits ist sein Geist noch immer an einen oder auch mehrere Körper gebunden, andererseits schwingt er losgelöst von den Fesseln des Leiblichen. Auf diese Weise vermag ein Mensch sich in einer Sphäre zu bewegen, die sowohl irdisch als auch kosmisch definiert ist – und in diesem Zustand wiederum ist er imstande, nun auch die äußerste Grenze zu überschreiten: diejenige, wo die Anderswelt sich »hineindehnt« ins fünfdimensionale Kontinuum.

Was hier geschieht, ist erneut außerordentlich schwierig zu beschreiben. Man könnte jedoch sagen, daß die vierte Dimension an diesem Punkt quasi »umschlägt« in zumindest eine Facette der fünften und bei dieser Metamorphose auch den »Wanderer«, der sich bis in jenes »Ultima Thule« der menschlichen Erkenntnisfähigkeit vorgewagt hat, mit sich »hineinsaugt« in das allumfassende kosmische Sein. Und dort wieder könnte er dann etwas Ähnliches erleben wie jener Raumfahrer im grandiosen Finale des Films »Odyssee im Weltraum«: ein phantastisches Wirbeln durch herantreibende und wieder ins Dunkel des Alls wegtauchende Galaxien und gleichzeitig ein Jagen durch die Spirale der Zeit, bis der nunmehr greise Astronaut sich unvermittelt selbst in der Gestalt des Säuglings gegenübertritt, der er einst war und jetzt wieder sein wird – weil er einen vollständigen »Knoten« seiner Existenz durchmessen hat.

Genau dies wollten die Druiden ausdrücken, als sie das Pentagramm zum Zeichen ihrer Kosmologie wählten: Wer über den Erkenntnisschlüssel der Anderswelt die ganze Fülle des fünfdimensionalen Kontinuums begreift, wird verstehen, daß jedes Ende wieder in einen Anfang einmündet, womit Anfang und Ende – oder, biblisch ausgedrückt, Schöpfung und Armageddon – letztlich gar nicht wirklich existieren, sondern lediglich Perspektiven eines in sich geschlossenen Systems der immerwährenden Umwandlung sind. Die *Großen Wissenden* schufen damit nicht nur ein metaphysisch-naturwissenschaftliches Weltbild von außerordentlicher Qualität, sondern befreiten diejenigen, die ihnen geistig zu folgen vermochten, unter anderem auch von der Angst vor dem Tod; sie waren es, die ihren Schülern in Wahrheit den »Weg zum ewigen Leben« zu weisen vermochten.

Aber auch das war abermals nur ein Aspekt und eine von vielen Früchten ihrer ganzheitlichen Weisheit; eine weitere Lehre der *Dru Wid* beispielsweise lautete: Über die »changierende« Sphäre der Anderswelt ist alles Dreidimensionale untereinander, aber ebenso mit dem Kosmos in seiner Gesamtheit verknüpft. Mensch, Tier, Pflanze und Stein sowie sämtliche anderen Erscheinungsformen des irdischen und außerirdischen Lebens sind demnach allesamt gleichwertige Teile des Göttlichen – und aus diesem Begreifen wiederum folgt das Einswerden mit dem Ewigen.

Diese zutiefst faszinierende Erkenntnis ist in der Metapher des Pentagramms und damit im Bild des aufgeschnittenen Apfels niedergelegt – und es ist kein Zufall, daß dieser selbst in der christlich überarbeiteten Fassung der biblischen Schöpfungsgeschichte noch eine dermaßen wichtige Rolle spielt. Wo es in der jüdischen Version ursprünglich lediglich um einen nicht näher definierten »Baum der Erkenntnis« ging, von dem Eva angeblich verbotenerweise die berühmte Frucht pflückte, tauchte in europäischen Übersetzungen des Mittelalters plötzlich der Apfel auf – und wurde als »Versuchung des Bösen« verteufelt. Dies aber zeigt, wie sehr die Priester jene heidnische Weisheit fürchteten, die sich im Kerngehäuse der unschuldigen Frucht verbirgt. Präzise aus diesem Grund mußte sie zum dämonisierten »Apfel der Erkenntnis« werden; uraltes druidisches Wissen, das zumindest rudimentär noch immer vorhanden war, sollte dadurch so weit wie möglich verdrängt werden.

Die zurückgezogen lebenden Menschen vor allem in den Randregionen Britanniens und Irlands sowie in den abgelegenen Waldgebirgen Mitteleuropas haben ihre keltischen Erinnerungen dennoch bis in die Gegenwart herauf bewahrt. Nach wie vor findet sich der Fünfstern an so manchem einsam stehenden Bauernhaus. Stets wurzelt das Pentagramm »mit beiden Beinen in der Erde«, während seine lotrecht nach oben gerichtete Spitze zu den Sternen weist – und dadurch wird wie vor Jahrtausenden der angestrebte Einklang zwischen irdischem Leben und großem kosmischen Gesetz symbolisiert; jene druidische Lehre, welche den Nachfahren der Kelten, wie sie mit geheimnisvollem Lächeln betonen, bis heute Harmonie und Zufriedenheit schenkt.

Aber auch so manche heidnische Gottheit lebt im Bewußtsein der Menschen in jenen einstmals vom Druidentum geprägten Gegenden Europas weiter. Und gelegentlich kommt es sogar zu völlig realen Manifestationen dieser ewigen Götter, wie wir im folgenden Kapitel sehen werden.

IV

Rhiannon, Taranis und andere Götter

Die Göttin Rhiannon zeigte sich mir im Mai 1978 auf der Halbinsel »Old Head of Kinsale« an der wildromantischen Südküste Irlands.

Damals war ich gerade neunundzwanzig Jahre alt, hatte soeben eine gescheiterte Ehe hinter mir und versuchte unter großen Schwierigkeiten, mir eine Existenz als freiberuflicher Autor aufzubauen. In jenem Frühjahr, als ich für einige Wochen nach Erin kam, mir für ein paar Pfund einen zwischen den Klippen abgestellten Caravan mietete und meine Schreibmaschine dort aufstellte, hatte ich noch nichts Ernsthaftes veröffentlicht. Ich war ein völlig unbedeutender »Freelancer«, der sich mit Groschenheften oder Illustriertenkrimis durchschlug und von der Hand in den Mund lebte. Immerhin aber lernte ich dann in einem Pub der Kleinstadt Kinsale den britischen Romancier Bernhard Attenborough kennen, einen Bruder des weltbekannten Schauspielers und Regisseurs Sir Richard Attenborough.

Bernhard, mit dem ich mich rasch anfreundete, lebte zusammen mit seiner zweiten Frau in einem einsam stehenden Bungalow. Von dort aus zogen wir nun beinahe jeden Nachmittag zusammen los, um die Gegend mit ihren zahlreichen historischen Denkmälern und vorgeschichtlichen Relikten zu erkunden. Wir stöberten in den halbverfallenen Forts der englischen Zwingherren, die Irland jahrhundertelang besetzt gehalten hatten; tranken Tee im »Spaniard Inn«, wo über dem Kamin ein riesiger Kupferkessel hing, der von einem gescheiterten Kriegsschiff der spanischen Armada stammte; dann wieder spürten wir bronzezeitlichen oder keltischen Steinsetzungen und Erdwällen nach.

Bei einer dieser Gelegenheiten gab mir Bernhard den Tip, eine Wanderung hinaus zum Kap des »Old Head« zu unternehmen. Der Leuchtturmwärter dort stecke voller spannender Geschichten und könne mir deshalb sicher Anregungen für meine eigene Arbeit geben. An einem regnerischen Nachmittag machte ich mich auf den Weg, parkte meinen alten Renault bei der Ruine der britischen Festung, welche die Halbinsel einst an ihrer schmalsten Stelle abgesperrt hatte, und marschierte durch den feinen Sprühregen und die treibenden Nebelschwaden in die Heide hinaus. Der Weg schlängelte sich zwischen Moospolstern und Felstrümmern; von beiden Seiten drang das Rauschen der See heran, die etwa fünfzig Meter tiefer gegen die lotrecht abstürzende Steilküste gischtete. Dann, nachdem ich vielleicht zehn Minuten unterwegs gewesen war, tauchte aus dem grauen Dunst zu meiner Linken plötzlich die Gestalt eines großen Tieres auf.

Es handelte sich um ein Pferd von mittlerer Statur, dessen Fell von einem seltsamen, dunklen Brandrot war, so wie ich es noch nie zuvor gesehen hatte. Obwohl ich zu jener Zeit regelmäßig ritt und Rösser liebe, empfand ich beim Anblick dieser Stute ein warnendes Gefühl; zwar ängstigte ich mich nicht wirklich, benahm mich jedoch bedeutend vorsichtiger als sonst in einer solchen Situation. Leise redete ich auf das Tier ein und achtete darauf, daß stets ein paar Meter Abstand zwischen uns blieben. Aber auch das Pferd mit dem brandroten Fell schien keinen Wert darauf zu legen, sich mir weiter zu nähern. Ruhig und mich dabei immer wieder aufmerksam beäugend, schritt es im ziehenden Nebel eine ganze Weile neben mir her. Manchmal sah ich jedes Detail am schmalen Kopf und am schlanken Körper der Stute, dann wieder schienen die Konturen sich halb im Dunst aufzulösen – und möglicherweise war es genau dieses Halbwirkliche, das mir zuletzt doch so etwas wie irrationale Furcht einjagte.

Ganz unvermittelt drängte es mich dazu, meinen Weg zum Kap nicht fortzusetzen, sondern das »Old Head« wieder zu verlassen. Irgendwie erleichtert, machte ich kehrt und kam dabei dem Pferd für einen Augenblick so nahe, daß wir uns flüchtig berührten; im selben Moment war das Tier völlig geräuschlos und wie durch Zauberei im Nebel verschwunden. In ziemlicher Verwirrung erreichte ich den Platz, wo ich meinen Renault abgestellt hatte. Ich stieg ein, doch etwas hinderte mich daran, den Motor sofort zu starten und wegzufahren. Vielmehr schaute ich, jetzt mit einem tiefen, fast schmerzlichen Gefühl der Sehnsucht, noch eine ganze Weile auf die Heide hinaus, wo ich die Begegnung gehabt hatte; erst dann steuerte ich den Wagen zurück auf die schmale Straße nach Kinsale.

Im Pub dort traf ich Bernhard Attenborough, der in Gesellschaft mehrerer Farmer und Fischer an der Theke lehnte. Verwundert erkundigte er sich, wieso ich nicht beim Leuchtturmwärter sei, worauf ich von meinem Zusammentreffen mit der Stute auf der Halbinsel erzählte. Mit wachsender Verblüffung hörten der Schriftsteller und die Iren mir zu; zuletzt brach es aus Danny, dem Besitzer eines kleinen Gestüts, heraus: »Niemand würde Pferde, Rinder oder Schafe auf dem Old Head weiden lassen! Du hast doch die turmhohen Klippen gesehen! Die Gefahr, daß die Tiere dort abstürzen könnten, wäre viel zu groß!«

»Aber ich habe die rote Stute doch sogar berührt ...« versetzte ich.

»War ihr Fell tatsächlich brandrot?!« unterbrach mich ein anderer Bauer.

Kaum hatte ich genickt, kamen die gepreßten Fragen eines Fischers: »Und dann, als du dich umwandtest, war sie geräuschlos im Nebel verschwunden?! Kein Hufschlag, nichts?! Sie war einfach weg?!«

»Genau so passierte es!« beteuerte ich.

Die Iren und Bernhard starrten einander noch entgeisterter an als zuvor; gleich darauf sagte Danny leise und in beinahe ehrfürchtigem Tonfall: »Kein Zweifel! Er ist dem Roten Pferd von Kinsale begegnet!«

Es war wiederum Bernhard Attenborough, der mich über die Bedeutung dieser Worte aufklärte: Zunächst müsse ich wissen, daß das »Old Head« jenes Stück Land in Erin sei, auf dem vor etwa zweieinhalb Jahrtausenden die ersten, von der Bretagne herüberkommenden Kelten landeten. Auf dieser Halbinsel hätten sie die älteste la-tène-zeitliche Ringwallanlage Irlands errichtet, und ebenso habe es Heiligtümer der Druiden dort draußen gegeben. Deren Kraft aber sei unzerstörbar, und aus diesem Grund sei mit dem »Old Head« auch das andersweltliche Phänomen des Roten Pferdes verknüpft. Immer wieder, durch all die vielen Jahrhunderte hindurch, sei es erschienen und beschrieben worden; freilich zeige es sich nur ganz bestimmten Menschen. Allein solche Frauen oder Männer nämlich, die dazu bestimmt seien, eines Tages zu bedeutenden Poeten zu werden, könnten das Rote Pferd sehen und es berühren, ehe es lautlos wieder in den Nebeln verschwinde …

Einige Wochen später kehrte ich nach Deutschland zurück. Im Sommer des gleichen Jahres kam plötzlich, ohne daß ich mich darum bemüht hätte, das Angebot, eine Buchreihe für einen bekannten Verlag zu schreiben. Natürlich nahm ich den Auftrag an; weitere folgten, und in den zwanzig Jahren seither ist mein Werk auf mehr als vierzig deutsch- und fremdsprachige Titel angewachsen. Der entscheidende Anstoß dazu aber kam nur wenige Wochen nach meiner Begegnung mit dem Roten Pferd von Kinsale, das mich ein Stück weit durch die unwirkliche Heidelandschaft des von den ersten irischen Kelten besiedelten »Old Head« begleitete.

Damals wußte ich noch nichts von der Göttin, die sich in Gestalt einer Stute manifestiert. Erst die intensive Beschäftigung mit der andersweltlichen Weisheit der Druiden in einer ungleich reiferen Phase meines gegenwärtigen Lebens öffnete mir die Augen. Dann jedoch – weil Verstand und Intuition mich heimgeführt hatten ins Heidentum – war ich imstande, das Wesen der Erscheinung in jenem Frühling 1978 wirklich zu begreifen. Es wurde mir klar, daß ich keineswegs nur einem Fabeltier oder einer Sagengestalt, so das überhaupt möglich gewesen wäre, begegnet war. Vielmehr hatte sich mir in der Tat der Geist jener weiblichen Gottheit gezeigt, die den Kelten unter dem Namen Rhiannon, aber auch als Macha oder Epona bekannt war.

Sie, die in einer anderen ihrer Spielarten gleichzeitig die mittlere oder mütterliche Erscheinungsform der Dreifachen Göttin ist, wurde bereits bei den aus Asien eingewanderten indogermanischen Vorfahren der *Keltoi* in Gestalt einer makellosen und fruchtbaren Stute verehrt. Später, als die *Dru Wid* in ihren Hainen zu lehren und die Barden das jetzt umfassende Wissen mit ihren Mitteln poetisch auszuformen begannen, wurde Rhiannon zusätzlich als Göttin der Dichtkunst und Philosophie erkannt. Mit der liebevollen Zuwendung einer Mutter nimmt sie sich der Denker und Poeten an und trägt sie empor. Ihre Eigenschaften – Kraft, Ausdauer und Klugheit, die im Wesen eines edlen Pferdes sehr treffend personifiziert sind – gehen auf die von ihr Auserwählten über. Die rote Fellfarbe schließlich, in der sie den Barden begegnet, drückt ihre eigene Verwurzelung im blühenden, lebenspendenden Aspekt der Großen Göttin aus und überträgt sich damit wiederum auf das Werk eines Poeten, der sich der Verbindung mit »seiner« Gottheit bewußt wird.

Es ist klar, daß die Geschichte des Roten Pferdes von Kinsale und ihre Interpretation für so manchen Leser des 20. Jahrhunderts sehr phantastisch, wenn nicht gar unwahrscheinlich klingen. Eine Göttin, die an einem regnerischen Maitag des Jahres 1978 real sichtbar und greifbar wird, paßt eben nicht ins Weltbild der scheinbar so aufgeklärten Moderne. Dies um so mehr, als gerade das religiöse Denken der Gegenwart noch weitgehend vom Mittelalter und damit dem christlichen Glauben geprägt ist; in dieser Weltanschauung jedoch ist »Gott« tatsächlich in ein »Jenseits« entrückt und daher nicht real faßbar, beziehungsweise wirksam.

Ein wenig anders freilich sieht es bereits aus, wenn wir uns an gewisse Ereignisse erinnern, wie sie in der jüdischen Bibel geschildert werden. Dort spricht nicht nur *Adonai* (*Das Ewige*, welches später zum eifersüchtigen Jahwe verfälscht wurde) »leibhaftig« aus einem Dornbusch heraus und macht sich durch eine feurige Aura sichtbar, sondern es kommt auch zu Manifestationen beispielsweise solch göttlicher Wesen wie der Cherubim oder Seraphim, die ebenfalls erst später zu »Engeln« heruntersilisiert wurden. Die alten Hebräer, die im Prinzip noch heidnisch dachten, wußten also sehr wohl um die greifbare Präsenz dieser Gottheiten – und was sich vor dreieinhalbtausend Jahren in Palästina ereignen konnte, ist selbstverständlich ebenso im Irland des ausgehenden 20. Jahrhunderts möglich, denn das Prinzip solch »überirdischer« Emanationen existiert unabhängig von einer bestimmten Zeit und ihrer jeweiligen Weltanschauung. Ist ein Mensch offen für derartige metaphysische Interaktionen, dann erleichtert dies den Kontakt mit einer göttlichen Wesenheit; andererseits wird jemand, der geistige oder seelische Sperren aufgebaut hat, kaum Zugang zu jener besonderen Dimension »zwischen Himmel und Erde« finden.

Um welche Sphäre es sich dabei handelt, wurde im vorangegangenen Kapitel bereits erläutert; einmal mehr geht es um die Anderswelt, die auch in diesem Fall die Brücke zwischen den verschiedenen Dimensionen schlägt. An besonderen Orten, wie zum Beispiel dem »Old Head of Kinsale«, das schon von den ersten dort landenden Kelten als heiliger Platz erkannt wurde, sind die Grenzen durchlässiger als anderswo. Genau deswegen ist es dort seit Jahrtausenden möglich, der Göttin Rhiannon in der sichtbaren und zugleich metaphorischen Gestalt des Roten Pferdes zu begegnen. Ein derartiges Erlebnis wird freilich nur solchen Menschen zuteil, die ihrerseits als Poeten talentiert und damit bereits ausreichend sensibilisiert sind, um das Wesen Rhiannons und ihre Berührung auch sinnlich zu erfahren – und nichts anderes besagt die uralte Weisheit des Volkes an der südirischen Küste: Wer zum Dichter oder Literaten berufen ist und die dafür nötige innere Substanz besitzt, wird das Rote Pferd erschauen und seine Gegenwart leibhaftig spüren.

Nachdem wir damit einen ersten Einblick in die Natur einer keltischen Gottheit gewonnen haben, wollen wir nun versuchen, einige zusätzliche »Charakterzüge« Rhiannons zu erkennen. Zunächst tritt die Göttin, ebenso wie andere Vertreter des alten abendländischen »Pantheons«, zuweilen in Gestalt eines Tieres auf. Dies entspricht dezidiert nicht dem biblisch-christlichen Weltbild, wonach der Mensch die »Krone« einer »Schöpfung« sei und alle anderen Kreaturen tiefer als er stünden, so daß sich also Rhiannon durch eine entsprechende Metamorphose tief erniedrigen würde. In der keltischen Kosmologie hingegen ist alles Sein gleichwertig miteinander verknüpft; es gibt keine Rangordnungen, sondern lediglich eine Fülle unterschiedlicher Erscheinungsformen, und deshalb ist die Vereinigung eines göttlichen Prinzips mit dem Körper einer Stute hier auch nicht abwegig. Das eigentliche Wesen Rhiannons manifestiert sich vielmehr sowohl auf diese Weise als auch in der Form des mütterlichen Aspekts der Großen Göttin; zudem ist sie umfassendes und somit unendlich vielgestaltiges Prinzip, so daß ihr Dasein wahrlich von der irdischen bis zur astralen Dimension des Pentagramms reicht.

Rhiannon erscheint aber auch deswegen manchmal als erdgebundenes Tier, weil sie – verwandt mit uns Menschen – in einem Teil ihrer Natur eben »Ausfluß« der irdischen Materie ist und von daher auf dieser Basis mit uns kommuniziert. Die Göttin will, an der Scheidelinie zwischen realer und andersweltlicher Ebene, zugänglich sein für uns Sterbliche. Hier, im uns gerade noch faßbaren Wahrnehmungsbereich, kommt sie uns deshalb entgegen und erweitert damit wiederum unsere eigene Bewußtseinssphäre, indem sie uns aufzeigt, daß wir gewisse Schranken sehr wohl zu überschreiten vermögen. Wagen wir mit ihrer Hilfe den entsprechenden Schritt, dann können wir – so wir nur intensiv genug denken und fühlen – zusätzliche Erkenntnisse über unsere »verborgenen« Möglichkeiten und ebenso über unseren Standort im Kosmos gewinnen.

Wir werden dann beispielsweise sehr konzentriert über die körperliche Erscheinungsform der Göttin reflektieren und zu dem Ergebnis kommen, daß der Leib des Roten Pferdes, das seit der La-Tène-Zeit immer wieder auf der Heide des »Old Head« gesehen wurde, sich aus einer Verschmelzung von Substanzen der vierten und dritten Dimension bildet. Der feinstoffliche Geist der Anderswelt verdichtet sich auf der »gröberen« Existenzebene zur greifbaren Materie. Oder anders ausgedrückt: Das Wesen der Poesie wird in Gestalt der göttlichen Stute sichtbar für solche Menschen, die durch die Liebe und Zuwendung Rhiannons auf den Bardenweg geführt werden sollen, weil sie andererseits selbst die unbezwingbare Sehnsucht danach in sich tragen. Aus dem innigen Kontakt des Göttlichen mit dem Menschlichen entsteht so das reale, dem sterblichen Partner gemäße Bild der Gottheit; der künftige Poet erkennt Rhiannon.

Dieses »Wunder« ist möglich, weil es nach der Lehre der Druiden, die sich hier im wahrsten Sinn des Wortes augenscheinlich bewahrheitet, keine wirkliche Trennung zwischen Geist und Materie oder eben »Höherem« und »Niedrigerem« gibt. Beide sind in Wahrheit lediglich verschiedene Zustandsformen einer umfassenderen Existenz im gemeinsamen »Rahmen« der Anderswelt. Und daß dies nicht nur den *Großen Wissenden*, sondern auch gewissen Philosophen oder Poeten des antiken Griechenland bekannt war, wird durch das hellenische Adäquat Rhiannons – nämlich das bekannte Dichterroß Pegasus – deutlich. Auch dieses Pferd ist keineswegs ein reines Phantasieprodukt; es besitzt vielmehr im südosteuropäischen Raum die gleiche reale Bedeutung wie das Rote Pferd des Nordwestens: Wer immer in Erin, Hellas oder sonstwo zu ihr gerufen wurde, sah und berührte eine konkrete Ausformung der fordernden und fördernden Göttin.

Die heidnischen Gottheiten waren und sind also – zumindest in einigen ihrer zahlreichen Erscheinungsformen – im menschlichen Leben präsent und können damit von uns in ihrer besonderen Wesenheit erkannt werden. Denn auch die Götter entsprießen, wie alles Leben, wenigstens teilweise der Erde; sie und wir wurzeln gleich entfernten Verwandten im Schoß der Großen Mutter, die ihrerseits wiederum eine Ausformung des allumfassenden Göttlichen – also gleichermaßen irdisch, andersweltlich und kosmisch – ist. Dies mag zunächst schwer zu verstehen sein, wenn wir uns jedoch an den uns vertrauten Begriffen von Körper und Geist orientieren, wird das Begreifen leichter. Ähnlich wie wir

Menschen aus diesen beiden Komponenten »zusammengesetzt« sind, verhält es sich auch mit der Natur der keltischen Götter. Auch sie existieren in einer Art von leiblicher und metaphysischer Symbiose; das allerdings auf ungleich höherem Niveau als wir »Niedriggeborenen« und zudem nicht nur auf den beiden genannten Ebenen, sondern in der Fünfdimensionalität des ewigen Seins.

Ehe wir uns jedoch in diesen unendlich vielfältig changierenden Sphären verlieren, stellen wir uns – so wie es auch die Druiden zu tun pflegten – besser wieder fest auf die Erde. Denn aufgrund unseres begrenzten Auffassungsvermögens ist es angebracht, daß wir uns zum vertiefenden Verständnis des eben Gesagten nun erneut auf das ganz konkrete Erscheinungsbild einer bestimmten Göttin konzentrieren: das der Dreifachen Göttin oder Großen Mutter.

Die keltischen Völker Westeuropas kennen sie bis heute unter dem Namen Ceridwen. Sie tritt gleichermaßen in Gestalt einer ganz jungen, aufblühenden Frau, einer gebärenden und nährenden Mutter und einer weisen Greisin auf; in diesem dritten Aspekt kennt sie das tiefste Geheimnis des Todes und führt ein erfülltes Leben über den Kessel der Umwandlung hin zur neuen Geburt. Dies ist zunächst reine Metaphysik, in der sich der ewige Kreislauf allen Daseins symbolisiert; außerdem existiert die Große Göttin aber auch völlig real, und das wird uns deutlich, wenn wir uns die kleine Mühe machen, ihr hautnah gegenüberzutreten; etwa auf einem kurzen Spaziergang durch einen Wald.

Hier nämlich sehen wir ihr Prinzip in tausenderlei greifbaren Ausformungen verwirklicht: im zarten Grashalm, der eben die Erdkrume durchbricht; in der Hummel, die einen

Blütenstand befruchtet, und nahebei in einem Amselnest, wo die Eltern ihre Jungen atzen; im welken, vorjährigen Laub schließlich, aus dessen nur scheinbar toter Substanz bereits wieder die Pilze eines weiteren Lebenskreislaufes sprießen. Ohne daß wir die Kraft präzise definieren könnten, die all dieses wunderbare, in ständiger fruchtbarer Veränderung befindliche Dasein ermöglicht, wissen wir doch unzweifelhaft, daß sie existiert – und wenn wir nun diese ewige Vielfalt des Lebens samt dem Geheimnis seiner immer neuen Entstehung mit der Großen Göttin gleichsetzen, dann haben wir sie in einer ihrer ganz konkreten irdischen Erscheinungsformen erkannt. Wir sind also imstande, die Gestalt der Großen Mutter faktisch zu erblicken sowie ihr inneres Wesen daraus abzuleiten. Damit aber treten wir Ceridwen nun tatsächlich Auge in Auge gegenüber, und kein vernünftiger Mensch wird die Existenz der Göttin jetzt mehr leugnen können.

Auf ganz ähnliche Weise begreifen wir Ceridwens reale Gestalt, wenn wir zum Beispiel die Frauen in unserer eigenen Familie über drei Generationen hinweg betrachten. Auch sie tragen als Tochter, Mutter und Großmutter den Kreislauf des gesamten Lebens, weshalb sich die Göttin selbstverständlich gleichfalls in ihnen manifestiert und sich uns so tagtäglich zeigt. Ebenso existiert Ceridwen prinzipiell in der Trias von Sohn, Vater und Großvater, womit sie – obwohl in ihrem symbolischen Wesen weiblich – nicht geschlechtsspezifisch gesehen werden darf. Dennoch, weil die Metapher auf diese Weise am griffigsten wurde, verehrten die Kelten sie in der Erscheinungsform der drei oben beschriebenen sowohl irdischen als auch anderswcltlichen Frauen – und definierten die Göttin damit jenseits der rein erdgebundenen Sphäre zusätzlich auf einer metaphysischen Ebene.

Die Druiden stellten durch dieses konkrete Bild auf spirituellem Niveau klar, daß Ceridwen gleichermaßen Aspekt des göttlichen Geistes und sichtbare Realität auf Erden ist. Ihre Fruchtbarkeit, Mütterlichkeit und Weisheit beschränkt sich zudem nicht auf den menschlichen Bereich allein, sondern wird ebenso im Leben der Tiere, Pflanzen und Bäume, aber auch der Steine, Quellen, Flüsse und der Luft wirksam. Immer von neuem schöpft die Große Göttin die unendliche Vielfalt des Daseins aus dem unerschöpflichen Kessel, der wiederum ihr ewig gebärender Schoß ist, und während sie dies auf der Erde in tausendfach sichtbarer Gestalt tut, ist sie gleichzeitig das unsichtbare göttliche Wesen, dem die Kraft ihrer irdischen Fülle entströmt.

Wenn wir all dies nun verinnerlichen, dann begreifen wir auch den grundlegenden Unterschied zwischen heidnischen und christlichen Gottheiten. Während christliche Theologie sich auf der Ebene des nachprüfbaren Wissens nicht behaupten kann und deshalb auf den Glauben, also das nicht Beweisbare, setzen muß, ist die Existenz der keltischen Götter eine von jedem Menschen nachvollziehbare Realität. Logischerweise tritt damit am Ende einer Gott- oder auch Sinnsuche, die auf dem heidnischen Pfad erfolgt, gesichertes Wissen an die Stelle bloßen Glaubens. Wer aber diesen Weg geht, wurzelt zuletzt unerschütterlich sowohl in der Erde als auch im Kosmos, denn sie oder er hat den Einklang mit dem wahren Göttlichen gefunden: jene ganzheitliche Harmonie, in der es keinerlei Diskrepanz zwischen Verstand und Intuition mehr gibt.

Zunächst Rhiannon, dann Ceridwen waren uns behilflich, dies zu erkennen. Die Prinzipien, die wir als Wesen dieser beiden keltischen Göttinnen begriffen haben, gelten jedoch auch für andere Gottheiten des keltischen »Pantheons«, das wir vorerst einmal als polytheistisch sehen wollen. Hier nun einige weitere wichtige Götter, die von den Druiden erkannt und mit Hilfe ihres genialen Wissens definiert wurden.

Das keltische Wort, das den Donner bezeichnet, lautet *Taran*, und davon leitet sich der Name des Gottes Taranis ab. Vor allem in Frankreich und Irland haben sich Darstellungen von ihm erhalten. Sehr oft ist Taranis auf diesen uralten Steinplastiken mit einem Rad, in dem manchmal noch zwölf Speichen zu erkennen sind, abgebildet; außerdem trägt er gelegentlich eine Schlange in den Händen. Schließlich ist sein Kopf mit einem Gehörn geschmückt: entweder dem eines Stiers oder eines Widders – und vor allem diese Hörner sind es, die uns den Schlüssel zur Erkenntnis des Taranis liefern.

»Stier« und »Widder« sind nämlich zwei direkt aufeinanderfolgende Sternzeichen des Tierkreises. Das Zeitalter des »Stiers« begann ungefähr 4000 v. d. Z. und wurde rund zweitausend Jahre später von dem des »Widders« abgelöst, das wiederum um das Jahr Null endete. Die historische Epoche des Keltentums, die in etwa das letzte vorchristliche Jahrtausend umfaßte, fiel damit in das Tierkreiszeichen des »Widders«. Weil aber jene Völker, die geistig von den *Dru Wid* geführt wurden, in einer bedeutend älteren metaphysischen Tradition wurzelten, gehörten sie über ihre Vorgänger auch noch in das Zeitalter des »Stiers«. Die beiden speziellen Sternzeichen umgreifen also sowohl die neolithische und bronzezeitliche Welt, in der sich die präkeltische Zivilisation ausformte, als auch die spätere rein keltische Kultur, die im La-Tène gipfelte.

Der Gott, der entweder das Gehörn eines Stiers oder das des Widders auf dem Kopf trägt, muß infolgedessen mit den adäquaten Tierkreiszeichen, beziehungsweise den durch sie definierten großen Zeitspannen zu tun haben. Weil aber nun Taranis zudem oft mit einem Rad dargestellt ist, dessen zwölf Speichen da und dort noch kenntlich sind, läßt sich eine weitere Folgerung hinsichtlich seines Wesens ziehen. »Stier« und »Widder« sind schließlich zwei der insgesamt zwölf Sternzeichen, aus denen sich das sogenannte Siderische Jahr, das in der Antike auch als Götterjahr bezeichnet wurde, zusammensetzt: jene Zeitspanne von ungefähr 25.000 Jahren, in der sämtliche Tierkreiszeichen nacheinander an einer bestimmten Stelle des irdischen Nachthimmels erscheinen, um ihren Kreislauf danach wieder von vorne zu beginnen.

Taranis ist infolgedessen nicht nur durch die beiden astronomisch-astrologischen Symbole gekennzeichnet, welche die Ära festmachen, in denen das Keltentum entstand, aufblühte und zur Vollendung kam, sondern er bindet diese Epoche zusätzlich in den Rahmen des Siderischen Jahres ein – und damit ist er als derjenige Gott erkannt, der das Prinzip des größten in unserem Sonnensystem zu beobachtenden Zeitablaufes hütet. Wäre die Weisheit der Druiden in Europa bewahrt worden, dann hätte Taranis während der beiden vergangenen Millennien auch den »Fisch« als Attribut geführt und würde ihn nunmehr, im Übergang von diesem Tierkreiszeichen zu dem des »Wassermannes«, mit dessen dreizinkigem Speer vertauschen. Die Steinplastiken, die ihn auf diese Weise gezeigt hätten, konnten aber leider nicht mehr gemeißelt werden, weil die keltische Zivilisation von den römischen Legionen vernichtet und anschließend das Wissen der *Dru Wid* um die Existenz des Taranis von den christlichen Priestern unterdrückt wurde.

Dennoch ist der keltische Gott des Siderischen Jahres nicht tot, vielmehr lebt er nach wie vor im ewigen Wandern der ihm zugeordneten Sternbilder. Darin manifestiert sich

– ähnlich wie beim konkreten Erscheinen Ceridwens in der irdischen Natur – seine reale Gestalt, und im Zusammenhang damit steht auch die Schlange, die Taranis in Händen hält.

Denn durch dieses Symbol drückten die Bildhauer, die vom Geist der *Großen Wissenden* beseelt waren, die astrophysikalische Gesetzmäßigkeit aus, welche das Phänomen des Siderischen Jahres überhaupt erst ermöglicht. In Wirklichkeit bewegen sich nämlich nicht die Sternbilder der verschiedenen Tierkreiszeichen draußen im Kosmos, sondern sie »tanzen« deshalb über der Erde, weil deren Achse ungefähr alle 25 000 Jahre eine sogenannte Taumeldrehung vollendet. Verständlicher ausgedrückt: Der Planet »eiert« ähnlich wie ein schwankender Kinderkreisel um seine von Pol zu Pol führende Drehachse, und aus diesem Grund erscheinen innerhalb eines Siderischen Jahres eben die zwölf verschiedenen Tierkreiszeichen nacheinander an der gleichen Stelle des Firmaments. Dieses »Eiern« könnte man aber auch als »Schlängeln« des Globus um seine Achse bezeichnen – und genau das wird durch die Schlange des keltischen Zeitgottes Taranis symbolisiert.

Die Druiden, die dem Stier- und Widdergott dieses Attribut beigaben, hatten also schon im letzten vorchristlichen Jahrtausend jenes Phänomen definiert, aus dem das große kosmische Zeitmaß des Siderischen Jahres entsteht. Sie waren damit bereits auf einem wissenschaftlichen Erkenntnisstand, der nach ihnen erst durch die moderne astrophysikalische Forschung wieder erreicht wurde – und sie wußten zudem um die Auswirkungen der »gefährlichen« Übergangsphasen zwischen den einzelnen Tierkreiszeichen, die ungefähr alle zweitausend Jahre – also auch jetzt wieder – stattfinden.

Beweis dafür ist der berühmte Ausspruch eines *Dru Wid*, den dieser in Gegenwart Alexanders »des Großen« tat. Als der makedonische König den eingeweihten Kelten fragte, wovor er und sein Volk sich am meisten fürchteten, antwortete der Druide: »Davor, daß uns der Himmel auf den Kopf fallen könnte!« Alexander war zutiefst verblüfft; Plato indessen, der noch über wahres heidnisches Wissen verfügte, hätte ihn darüber aufklären können, was der Galater gemeint hatte. In seinem Timaios-Dialog, in dem es auch um den Untergang von Atlantis geht, ließ dieser große griechische Philosoph nämlich indirekt einen lange vor ihm lebenden ägyptischen Weisen mit einer ganz erstaunlichen Aussage zu Wort kommen. Demnach würden sich in sehr großen zeitlichen Abständen am Himmel schwerwiegende »Umwälzungen« ereignen, welche imstande seien, auf Erden schreckliche Katastrophen auszulösen. Modern ausgedrückt, bedeutet dies, daß dem ägyptischen »Priester« die Tatsache des Taumelns der Erdachse bekannt war. Wenn jedoch – jeweils im Übergang von einem Sternbild zum nächsten – eine solche »Unwuchtsbewegung« des Globus beendet ist, erschüttert dies das innere Gefüge des Planeten; die Folge sind dann beispielsweise Erdbeben oder Vulkanausbrüche.

Ebenso wie den ägyptischen Erbauern der Pyramiden war dieses kosmische »Geheimnis« auch den *Großen Wissenden* der Kelten bewußt, weshalb sie den Gott des Siderischen Jahres auch entsprechend bezeichneten. Wie bereits erwähnt, steckt im Namen des Taranis das Wort *Taran*; er ist also, wie auch andere keltische Überlieferungen besagen, der Donnerer oder Weltenerschütterer. Gerade aus diesem Grund wäre es übrigens sehr sinnvoll für die Gegenwart, die Natur dieser heidnischen Gottheit von neuem zu verinnerlichen, denn nur wenn sich die Menschheit sein Gesetz, das unter Umständen gewaltige Kataklysmen auf Erden auslösen kann, wieder bewußt macht, wird es ihr auch möglich sein, sich rechtzeitig vor den Auswirkungen solcher Katastrophen zu schützen.

Die reale Existenz des Gottes Taranis ist somit bewiesen; selbstverständlich lebt aber auch diese keltische Gottheit gleichermaßen auf einer metaphysischen Ebene. Abermals geben vereinzelte vorchristliche Steinplastiken einen Hinweis darauf, so etwa, wenn Taranis gelegentlich als Stier mit drei Hörnern dargestellt wird. Das Zeichen der Dreifachen Göttin, welches er damit auf der Stirn trägt, weist darauf hin, daß Taranis wie Ceridwen für einen Lebenszyklus von Geburt, Reife und Tod steht; nur handelt es sich in seinem Fall nicht um einen biologischen, sondern um einen astralen. Der Gott verkörpert hier unter anderem eben das Prinzip des Siderischen Jahres, das wir bereits kennen; im Sternzeichen der »Jungfrau« begann das gegenwärtige Götterjahr, mit dem «Widder» blühte in seiner Mitte das Keltentum auf, und im Zeitalter der »Waage« wird es in etwa zehntausend Jahren enden, damit ein neuer Zyklus des Taranis seinen Anfang nehmen kann.

Dieser mehr oder weniger noch irdische Zyklus ist jedoch verflochten mit dem ungleich größeren Pulsen des Kosmos, wo freilich wiederum dieselben Gesetzmäßigkeiten des sich Umkreisens der Himmelskörper wie in unserem Sonnensystem gelten. Dadurch sind auch in jenen Räumen bestimmte Lebensspannen oder Zeitabläufe bis hin zur Dimension der Galaxien festgelegt, und der Geist, der dort draußen lenkt und regiert, trägt dasselbe göttliche Antlitz wie der Hüter und Erschütterer des Siderischen Jahres. Unverändert handelt es sich um Taranis, welcher damit in seinem metaphysischen Aspekt zur Metapher vor allem der zeitlich definierten Erscheinungsformen des Alls in dessen ganzer grenzenloser Ausdehnung geworden ist.

Wo Taranis unendlich weit hinaus in den Kosmos greift, ist der Gott Lug im (ergänzenden) Gegensatz zu ihm außerordentlich lebensnah definiert. Am ersten August, an dem in keltischer Zeit das Fest *Lugnasad* gefeiert wurde, dankten die Menschen ihm und Ceridwen für die Ernte, denn Lug hatte zuvor die Göttin in ihrer mütterlichen Gestalt befruchtet, so daß das Land hatte gebären können. Gleichzeitig tritt der Gott aber auch als Dichter, Geschichtsschreiber und Musiker auf, ebenso als Lehrer, Arzt oder Astronom; nicht weniger geschickt ist er als Zimmermann, Bauer und Schmied. In alten irischen Überlieferungen wird er deshalb als »Meister aller Künste« bezeichnet – und wenn wir uns seine Fertigkeiten nun ein wenig genauer ansehen, dann stellt sich heraus, daß er in seiner göttlichen Gestalt Realität und Geist der keltischen Gesellschaft insgesamt verkörpert.

Unschwer sind in seinem Aspekt als Dichter, Geschichtsschreiber und Musiker die Barden zu erkennen, die an den la-tène-zeitlichen Fürstenhöfen genau diese Funktionen erfüllten. Agiert Lug als Zimmermann, Bauer und Schmied, dann übt er damit die Tätigkeiten der »einfacheren« keltischen Bevölkerung aus. Und wenn er sich schließlich als Lehrer, Arzt oder Astronom manifestiert, so verkörpert er niemand anders als die Druiden, welche die höchste Stufe menschlichen Wissens zu erklimmen versuchten. Interessant ist nun die Tatsache, daß Lug keineswegs nur auf der »elitären« Ebene der *Dru Wid* oder der mit ihnen ranggleichen Barden figuriert, sondern sich ganz selbstverständlich auch mit dem Handwerk beschäftigt. Warum er das tut, wird klar, wenn man seinen Beinamen »Meister aller Künste« ein wenig tiefer reflektiert: Der Gott betrachtet auch das Schmieden, Zimmern oder den Ackerbau als hochwertige Fertigkeit oder eben Kunst. Er scheut sich nicht, sich darin ebenso wie in der Poesie oder der Pädagogik zum Meister heranzubilden und dokumentiert genau dadurch seine große Achtung vor den eher alltäglichen Fähigkeiten.

Präzise dies ist aber nun wiederum seine philosophisch-metaphysische Botschaft an die Menschen, die sein tieferes Wesen erkannt haben. Erneut stoßen wir hier auf das in der druidischen Lehre überall ausgedrückte Prinzip von der engen Verknüpfung sämtlicher Erscheinungsformen des Lebens. In der Gestalt Lugs ist diese unumstößliche Wahrheit diesmal sozial definiert und macht denen, die sie verinnerlichen, bewußt, daß alle Mitglieder einer menschlichen Gemeinschaft gleichwertig sind. Sie sind darüber hinaus in inniger Verflechtung aufeinander angewiesen, denn der Druide, der von einem Bauern kein Brot bekäme, müßte trotz seines überragenden Wissens letztlich verhungern; ebenso aber würde der Landwirt, der auf mentale Erkenntnis unter Anleitung eines *Dru Wid* verzichten wollte, im Laufe der Zeit geistig verkümmern. Beide schließlich haben, um ein erfülltes Leben zu führen, die poetische, musikalische und historische Anregung nötig, welche von den Barden eingebracht werden kann, und erst in dieser Trias, die neuerlich typisch für die von den Druiden geprägte Gesellschaft ist, wird das Dasein wahrlich umfassend und kann auf diese Weise seine – von Lug gewollte – Erfüllung finden.

Weiter beinhaltet das »soziologische Modell«, das dieser Gott auf äußerst humanem Niveau verkörpert, die von antiken Autoren bezeugte Durchlässigkeit des keltischen Gemeinwesens. Jede Frau und jeder Mann hatte unter dem ideellen Schutz Lugs die Möglichkeit, den Druiden- oder Bardenweg zu gehen, und die persönliche Herkunft oder bisherige Tätigkeit, die in jedem Fall als sehr wichtig für den individuellen Entwicklungsprozeß angesehen wurde, spielten dabei keine Rolle. Wichtig war allein, daß jemand den aufrichtigen Willen besaß, sich Wissen zu erwerben; wenn ja, wurden ihm – abermals entsprechend der Lehre des Gottes – alle Türen geöffnet. Für die Gesellschaft insgesamt wirkte sich dies natürlich außerordentlich positiv aus, denn es konnte so die gesamte geistige Potenz eines Stammes oder Volkes genutzt werden, während in anderen Staaten, die in Klassen oder gar Kasten dachten, sehr viel Talent vergeudet wurde.

Verbindenden Charakter trägt auch der Gott Cernunnos, der vor allem in der britannischen Mythologie bis heute als »Hearn« (»Der Gehörnte«) lebendig ist. Sein unverwechselbares Attribut ist das Hirschgeweih, das aus seinen Schläfen wächst. Auf dem berühmten Kessel von Gundestrup[4], wo ihm im Fries der keltischen Götter ein sehr bedeutender Platz zugemessen ist, trägt er in den Händen außerdem einen Torques sowie eine widderköpfige Schlange; ferner sitzt er in der buddhistischen Lotoshaltung da. Auf gallischen Darstellungen wird er oft von der Großen Göttin in ihrer dreifachen Gestalt flankiert, und über einer solchen Gruppe breitet sich dann meistens eine Baumkrone aus, unter deren Ästen auch noch ein Hase, ein Wildschwein und ein Hirsch ruhen.

Cernunnos besitzt damit – im Rahmen des umfassenden Lebenskreislaufes der Ceridwen – einen außerordentlich starken Bezug zur Natur. Seine Begleiter Hase und Wildschwein symbolisieren deren reiche Fruchtbarkeit, der Hirsch ihre archaische Kraft. Baum und Hirschgeweih wiederum

---

[4] Dieser silberne Kessel, der aus dem letzten vorchristlichen Jahrhundert datiert, wurde in der Nähe des dänischen Ortes Gundestrup im Moor gefunden und ist seither ein sehr wichtiges Hilfsmittel zur Entschlüsselung der keltischen Mythologie. Geschaffen wurde das Gefäß im östlichen Donauraum.

drücken durch die Verästelung, die ihnen gemeinsam ist, das grundlegende Prinzip des Lebens aus, in dem alle Wesenheiten miteinander verknüpft sind und eben durch diese Vielfalt ihre Fülle und Bedeutung erreichen. Die Schlange mit dem Widderkopf, die den Gott schmückt, versinnbildlicht sein Wissen um die Gültigkeit dieses Prinzips auch innerhalb der Mannigfaltigkeit der großen astronomischen Zyklen, in deren gewaltigen Kreis- und Spiralbahnen Taranis lebt.

Indem Cernunnos – geborgen inmitten der irdischen Natur – jene Haltung einnimmt, die sowohl in Asien als auch in der Welt der Kelten für Meditation steht, weist »Der Gehörnte« allen nach Erkenntnis trachtenden Menschen den inneren Weg, auf dem sie die oben definierte Weisheit erlangen können. Schließlich deutet der Torques in seiner Hand zusätzlich auf das Gesetz von Yin und Yang hin, aus dem alles Dasein entsteht. Ebenso wie die beiden, einander ergänzenden Enden des keltischen Halsreifens den Torques zur harmonischen Einheit zusammenfügen, zeugt sich auch alles Leben aus der innigen Verbindung des weiblichen und männlichen Aspekts im weitesten Sinne – und aus diesem Grunde kann auch das prachtvolle Geweih des Gottes sprießen.

Als reale Existenz ist Cernunnos also gegenwärtig in den abertausend Spielarten der irdischen Natur. Seine metaphysische Bedeutung liegt darin, daß er die allumfassende Lebenskraft der Erde und des Kosmos sowie das ihr zugrundeliegende Prinzip ihrer unendlich vielfältigen »Verästelung« innerhalb aller fünf Dimensionen repräsentiert. Die *Großen Wissenden*, die Cernunnos auf diese Weise endgültig definierten, drückten dadurch ihre außerordentlich hohe Achtung vor der wunderbaren Fülle des Daseins aus – um so trauriger freilich ist die Tatsache, daß der Gott im Zuge der Christianisierung Europas und der damit verbundenen Verfolgung des Druidentums so sehr verteufelt wurde.

Weil die römischen Priester sein Wesen nicht mehr erkannten, oder es vielleicht in ihrer Ablehnung der natürlichen Lebens- und Zeugungskraft bewußt nicht begreifen wollten, dämonisierten sie Cernunnos – und mit ihm Taranis – so lange, bis das wahre, positive und für die Menschen hilfreiche Wesen dieser beiden keltischen Gottheiten in ein negatives Zerrbild verkehrt war. So wurde der christliche Satan »geboren«, der ja bekanntlich ebenfalls Hörner trägt, und auf ganz ähnlich haßerfüllte Weise wurde zum Schaden der abendländischen Zivilisation auch die liebenswerte Göttin Beltane attackiert, die wir zusammen mit ihrem Gefährten Samhain nun abschließend kennenlernen wollen.

In der Nacht zum ersten Mai tanzen auf dem Blocksberg und anderswo die Hexen. So besagt es die christliche Volksüberlieferung, und deshalb wird die »Walpurgisnacht« fälschlich auch als Zeitpunkt gefährlicher und blasphemischer Teufelskulte angesehen. In der von den Druiden geprägten Kultur Europas jedoch fanden in jener vierzigsten Nacht nach der Frühjahrs-Tag-und-Nachtgleiche ausgesprochen freundliche und lebensfrohe Rituale zu Ehren der Beltane statt. Unter Anrufung dieser Göttin wurden Wärme und Fruchtbarkeit des nun spürbar beginnenden Frühlings und des darauf folgenden Sommers gefeiert. Die Menschen errichteten Holzstöße auf den Berggipfeln ihrer Heimat und flochten aus Stroh und Reisig die »Sonnenräder«, welche sodann während des Abbrennens der Beltanefeuer ebenfalls entzündet und zu Tal gerollt wurden, um mit ihrem sausenden Funkenflug die neue Kraft des lebensspendenden Gestirns zu symbolisieren.

Beltane wird durch diesen Brauch, der sich in einigen abgeschiedenen Alpengegenden bis in die Gegenwart herauf erhalten hat, als die Göttin der beiden warmen Jahreszeiten kenntlich. Damit nun aber der volle Zyklus der Zeit, in dem die Erde einmal um die Sonne kreist, erfaßt werden kann, besitzt Beltane – einmal mehr nach dem Prinzip von Yin und Yang – einen adäquaten Partner. Es ist der Gott Samhain, der im kühlen Herbst und kalten Winter lebt. An seinem Fest, der Samhainnacht, die dem ersten November vorangeht, wandelt die Göttin sich in seine Gestalt um, während andererseits dieser »dunkle« Gott in der Nacht auf den ersten Mai seine Metamorphose zurück zur »hellen« Beltane vollzieht.

Erneut wird in diesem Götterpaar die große Weisheit der Druiden deutlich, die immer wieder das Ineinanderfließen der verschiedenen Erscheinungsformen und Aspekte des Daseins und damit das gleichwertige Miteinander allen Lebens gelehrt haben. Beltane und Samhain stehen in ihrem Bereich, dem regelmäßig wiederkehrenden jahreszeitlichen Ablauf, ähnlich zueinander wie die beiden Enden des Torques in der Hand des Cernunnos, die ebenfalls erst zusammen den Ring vollenden. Und durch dieses Beispiel wird wiederum klar, daß die Eigenschaften der keltischen Gottheiten quasi ebenfalls fließend ineinander übergehen und keiner der von den *Großen Wissenden* definierten Götter eifersüchtig etwas für sich allein beansprucht.

Sie alle sind trotz ihrer unbestrittenen Größe und Faszination immer nur Facetten des allumfassenden Göttlichen, das sie in ihren unterschiedlichen irdischen oder himmlischen Gestalten und dazu stets auf der metaphysischen Ebene repräsentieren. Dies trifft auf Rhiannon, Ceridwen, Lug, Taranis, Cernunnos, Beltane und Samhain zu – und nicht weniger auf jene keltischen Gottheiten, die aus Platzgründen nicht mehr vorgestellt werden können. Aber beispielsweise auch Belenos, Arianrhod, Dagda oder Teutates werden ihr Antlitz entschleiern, wenn man die in diesem Buch bereits entschlüsselte Symbolsprache kennt und die von den Druiden erprobte Vorgehensweise befolgt, wonach der Erkenntnispfad immer in der sichtbaren Natur beginnt und zum höheren spirituellen Prinzip führt.

Wer sich auf diesen Weg begibt, muß dies allerdings in völliger geistiger Freiheit tun und sich bewußt machen, daß das Wesen der keltischen Götter und damit des Göttlichen insgesamt nur dann zu begreifen ist, wenn man sich ihm vertrauensvoll, furchtlos und ohne irgendwelche Scheuklappen nähert. Die *Dru Wid* machten es vor, wenn sie etwa von Ceridwen in ihrem mütterlichen Aspekt ganz selbstverständlich auch von der »Großen Muttersau« sprachen, um damit die großartige Fruchtbarkeit dieser Göttin sehr handgreiflich auszudrücken. Aber auch das Lachen oder erotische Assoziationen waren den Druiden im ungezwungenen Umgang mit ihren Göttern nicht fremd, und ebensowenig verboten sie es ihren Schülern, sich eigene Bilder von den Gottheiten zu machen, deren Natur und Metaphysik erfaßt werden sollten.

Denn im Gegensatz zum biblischen Jahwe sind die keltischen Götter weder unnahbar noch eifersüchtig; in ihrer zutiefst altruistischen Natur wollen sie vielmehr innig mit Mensch, Tier, Pflanze oder Stein kommunizieren. Dies ist kein Wunder, wenn wir nun noch einmal bedenken, daß sie schließlich sowohl Befruchter als auch Emanationen dieser irdischen Lebensformen sind und alles Sein – von der sichtbaren bis zur fünften Dimension – durch das Geflecht der Anderswelt miteinander verknüpft ist. Innerhalb dieses ewigen »Netzes« existieren die Götter in ihren faszinierend vielfältigen Erscheinungsformen; sie bilden also ein polytheistisches »Pantheon«. Gleichzeitig vereinigt sich die Gesamtheit dieser Facetten des Göttlichen aber auch mit allem sonstigen Leben, was wiederum einen pantheistischen Kosmos ergibt.

In fast allen derzeitigen Weltreligionen würde diese Doppelnatur der keltischen Metaphysik einen unauflösbaren Widerspruch darstellen und die jeweiligen Theologen zur Verzweiflung treiben. Allein im Buddhismus, der sich nicht nur in diesem Punkt mit der Lehre der *Großen Wissenden* berührt, ist das Problem durch die grenzenlose Erkenntnisfähigkeit Siddhartas, der zum Buddha wurde, gelöst. Auf der gleichen geistigen Ebene standen – als einzige Philosophen und Metaphysiker des Abendlandes, die eine entsprechende Schule aufzubauen vermochten – die Druiden. Dank der phantastischen Schärfe und Freiheit ihres Denkens und aufgrund ihrer tiefen Fähigkeit zur Intuition erfaßten sie jene höchste und keinesfalls in sich widersprüchliche Realität, die jeden Grashalm mit der unendlichen Weite des Alls verbindet. Geistige Basis dazu war die von ihnen geschaffene »changierende« Kosmologie, innerhalb der »nichts so bleibt, wie es ist«, wie der überlieferte Ausspruch eines *Dru Wid* lautet.

Irdische Natur, Mensch und Weltall wurden mit Hilfe dieser Metaphysik der immerwährenden Umwandlung und damit der Gleichberechtigung allen Lebens in sämtlichen Erscheinungsformen des Daseins aufs glücklichste miteinander in Einklang gebracht. Die keltischen Götter waren dafür sowohl lebende Vorbilder als auch geistig wegweisende Metaphern. Zusammen mit den *Großen Wissenden* sorgten sie dafür, daß diese zutiefst humane Einsicht auch im täglichen Leben und in der Politik der ihnen anvertrauten Völker zum Tragen kam, so daß während des letzten vorchristlichen

Halbjahrtausends der keltische Zivilisationsgürtel quer über Europa gelegt werden konnte.

Entsprechend der druidischen Lehre war diese erste abendländische Föderation tolerant, friedlich und durchaus bereits demokratisch angelegt; tyrannisches Machtstreben einzelner größenwahnsinniger Potentaten war damit von vornherein zum Scheitern verurteilt. Jeder Regionalfürst, der von der Volksversammlung auf den Thron gesetzt worden war, konnte durch Beschluß eines solchen *Nemetons* schnell auch wieder abgewählt werden. In der Praxis freilich wurde dies sehr selten nötig, weil in den überschaubaren »Regierungsbezirken« der keltischen Welt ohnehin nur Persönlichkeiten zur Macht gelangten, die sich unter den Augen des Volkes zuvor bereits als integer erwiesen hatten. Darüber hinaus gaben die *Dru Wid* mit ihrem hohen moralischen Anspruch grundsätzlich die Richtlinien jener Politik vor, die dann von den Fürsten realpolitisch umgesetzt wurde, so daß also quasi das Ideal einer sachkundigen Führung auf philosophischer Basis verwirklicht war.

Dies war das von den *Großen Wissenden* geschaffene faszinierende Angebot für Europa: eine vielfältige und damit nicht aggressive Kultur des gegenseitigen Austausches und des Dialogs, wobei kein Volk den Versuch unternahm, sich über die anderen aufzuwerfen. Genau dieser positive Ansatz, der im letzten vorchristlichen Jahrhundert bereits auf einem Drittel des Kontinents verwirklicht war, forderte aber nun die Feindschaft eines Staates heraus, der auf einem absolut gegensätzlichen Prinzip aufgebaut war. Rom, wo Cäsar die Republik zerstört und sich zum Diktator emporgeputscht hatte, schickte sich jetzt an, das erste Imperium der abendländischen Geschichte zu errichten. Der »Sonnengürtel« des Keltentums mit seinem Prinzip des Miteinander stand dem aber als das große, human definierte Gegengewicht im Wege, und aus diesem Grund gingen Cäsar und die Kaiser nach ihm zu brutaler Aggression gegen die Welt der Druiden über.

Auf Seiten der Römer wurde dieser jahrzehntelange Kampf, bei dem es um die künftige imperialistische, beziehungsweise tolerante Ausrichtung Europas ging, mit äußerster Härte geführt. Es kam zu einer ganzen Reihe von Völkermorden an den Kelten, und womöglich noch ärger traf der römische Haß die *Großen Wissenden*, die sich verzweifelt an die Spitze des Widerstandes gestellt hatten. Zahlreiche Druiden wurden bestialisch zu Tode gefoltert, gekreuzigt oder bei lebendigem Leib verbrannt; ihre Lehre sollte mit Stumpf und Stiel ausgerottet werden, damit das menschenverachtende Regime der jetzt zu »Göttern« erhobenen Kaiser etabliert werden konnte.

Letztlich wurde das positive Angebot der *Dru Wid* liquidiert, und das römische Machtprinzip vermochte sich weit in den Kontinent hinein durchzusetzen. Dies freilich war nur der erste fürchterliche Schlag, der das Keltentum traf; ein zweiter und in metaphysischer Hinsicht noch schlimmerer erfolgte, als das römische Imperium von der dogmatischen Autokratie der römisch-katholischen Kirche abgelöst wurde, die von nun an im verderblichen Bündnis mit dem mittelalterlichen Feudalismus herrschen sollte. Im späten fünften und frühen sechsten Jahrhundert allerdings bäumten sich die britannischen Kelten noch einmal gegen diese fatale Entwicklung auf – und neben Arthur und Merlin war daran maßgeblich auch der Dichter Taliesin beteiligt ...

V

Am Grab des Taliesin

Hoch über der Mündung des Dyfi, der sich im Nordwesten von Cymru in die Irische See ergießt, verbinden sich einige grauschwarze Schieferplatten zu einem bescheidenen, halb in der Erde versunkenen Steinkammergrab. Kaum ein Fremder findet den Weg dorthin, denn es fehlen die sonst an derartigen Orten üblichen Hinweisschilder des »National Trust« oder der »Welsh Heritage«. Nur die Einheimischen, die den Platz sehr bewußt nicht dem Tourismus ausliefern wollen, pilgern regelmäßig zur letzten Ruhestätte des unvergessenen Barden Taliesin. Mir wurde ein Besuch möglich, weil Dufydd, der Bauer, auf dessen Farmland das *Bedd* liegt, mich als einen keltisch denkenden Menschen erkannt hatte – und ich dankte es ihm und dem Geist des Toten mit einem Gedicht:

Bedd Taliesin
Ärmlich das Dichtergrab:
angesplitterter Stein,
zum durchlässigen Dach
der Ewigkeit geschichtet.

Dennoch unvergänglich,
denn Taliesin singt:
Barde war ich,
Harfe und Schwert,
Pfeil und Reh,
Samen aus Pflanze,
Meer, Wolke und Fels.

Und du bist
und wirst stets wieder sein.
Nur flüchtiges Wegzeichen
dies eine mürbe Grab
an einem der Knotenpunkte
all deiner ewigen Zeit.

Nie zuvor wurde mir das Weben der Seelenwanderung so intensiv bewußt wie am *Bedd Taliesin*, wo der Körper des großen walisischen Dichters sich aufgelöst hatte und sein Geist in die Anderswelt eingegangen war, um sich irgendwann und irgendwo in neuer Gestalt wieder zu manifestieren. Aber selbst nach eineinhalb Jahrtausenden war auch hier, auf dem einsamen Hügel über der Irischen See, noch immer das Wirken des Barden zu spüren, der im späten fünften und frühen sechsten Jahrhundert lebte.

Taliesin soll am Hof eines kimmrischen Fürsten namens Elphin aufgewachsen sein und später die berühmte Poetenschule von Rheged im Norden Britanniens besucht haben. Anschließend wurde er der Hofdichter des Königs Uryen, der als Uriens im Sagenkreis um Arthur auftaucht. Nachdem Taliesin zum *Pennbardd* (was einen besonders herausragenden Barden bezeichnet) ernannt worden war, fand er den ihm gemäßen Platz an der Seite des genannten großen Keltenkönigs, dessen Thronhalle zu jener Zeit in der Hügelfestung von Camelot, heute Cadbury in Somerset, stand. In dieser Ringwallanlage Arthurs traf er wohl auch auf Myrddin, der dort ebenfalls als Berater des *Rhiotam* (Heerkönig) im Barden- und zugleich Druidenrang wirkte und als Merlin in die Geschichte einging. Vor allem diese drei Männer waren es, die das letzte bedeutende Keltenreich Europas außerhalb Irlands verzweifelt verteidigten, bis der Widerstand etwa eine Generation nach Arthurs Tod zusammenbrach und die Überlebenden sich in die unzugänglichen Gebirge von Cymru und die Moore von Cornwall zurückzogen.

Dieser heroische letzte Kampf der britannischen Kelten stellte den Abschluß einer halbtausendjährigen Entwicklung dar, die mit der Aggression Cäsars gegen die Gallier, Helvetier und Keltiberer begonnen hatte. Zug um Zug waren die demoralisierten Reste jener Völker, die einst den »Sonnengürtel« quer über das Abendland gelegt hatten, vor allem in die westlichen Randregionen Europas zurückgetrieben worden. Allein in Teilen Britanniens hatte nach dem Abzug der römischen Legionen, der zu Beginn des fünften Jahrhunderts erfolgte, noch einmal eine keltische Zivilisation aufblühen können. Aber bereits um das Jahr 450 gerieten die dortigen Fürstentümer erneut in Bedrängnis, denn jetzt erfolgte eine Invasion germanischer Angeln, Jüten und Sachsen, die sich zunächst vor allem im Südosten der Insel festsetzten. Gegen sie, jedoch auch gegen romanisierte Territorialherren, die am verderblichen Gedanken des Imperiums festhielten, führte Arthur seinen legendären Krieg; zusätzlich aber hatte er sich auch der Verdunkelung des druidischen Geistes durch das Christentum zu erwehren.

In den mittelalterlichen Artus-Legenden, welche sogar den Namen des großen Königs und dazu die reale Geschichte Camelots gezielt verfälschten, wurde Arthur zum Vorkämpfer der christlichen Religion in Britannien gemacht. In Wahrheit freilich regierte er als heidnischer *Rhiotam* einen Bund von keltischen Völkern, bei denen nach wie vor die Druiden gleichberechtigt neben den Fürsten standen und Barden wie Taliesin die Erinnerung an die ehrwürdigen vorchristlichen Traditionen wachhielten. Der Beweis dafür findet sich in klösterlichen Aufzeichnungen jener Zeit, in denen die Mönche sich darüber beklagen, daß Arthur ihre reichen Getreidespeicher geplündert habe, seine berittenen Krieger sich gewaltsam in den Refektorien einquartiert hätten, und daß der *Rhiotam* ferner nicht davor zurückgescheut sei, dem einen oder anderen Vorposten der römisch-katholischen Kirche den Roten Hahn aufs Dach zu setzen. Ein

Blick auf die Religionsgeschichte der fraglichen Zeit zeigt, daß diese Überlieferungen historisch ausgesprochen schlüssig sind, denn eben damals war das Papsttum darangegangen, das in Britannien ebenfalls existierende keltische Christentum zu bekämpfen und die Gläubigen dieser ungleich toleranteren Kirche unter seine Knute zu zwingen.

Wir aber wollen uns nun etwas eingehender mit diesen Gemeinden der westeuropäischen »Saints« beschäftigen, denen auch Taliesin noch begegnet ist und die – im Gegensatz zu den römisch-katholischen Priestern – mit Sicherheit keinen Grund hatten, sich über Arthur zu beklagen. Die keltische Kirche nämlich, die sich bereits im ersten Jahrhundert aus einer Symbiose mit dem Heidentum herausgebildet hatte, stellte in gewisser Weise einen Ableger des Druidentums noch im frühen Mittelalter dar, und aus diesem Grund ist sie es wert, ihre Entstehung und ihren Geist ein wenig näher zu durchleuchten.

Schon seit der La-Tène-Zeit hatte es lebhafte Handelsbeziehungen zwischen dem östlichen Mittelmeerraum und den britischen Inseln gegeben; griechische, aber auch jüdische Kaufleute hatten Wein, orientalische Stoffe oder Keramik nach Britannien und Irland gebracht und als Gegenleistung vor allem Zinn erhalten, das auf den atlantischen Inseln reichlich vorkommt. Nach der Zerstörung Jerusalems durch die Römer im Jahr 70 n. d. Z. waren nun offenbar kleine Gruppen von Anhängern des kurz zuvor gekreuzigten Jesus in jene westeuropäischen Regionen wie Cornwall, Wales oder Irland geflohen, wohin der Arm des Römischen Imperiums damals noch kaum oder gar nicht reichte. Bei den britannischen Kelten fanden sie freundliche Aufnahme und konnten ihren Glauben – zum Beispiel in Avalon, auf das wir später noch ausführlicher zu sprechen kommen werden – ohne Beeinträchtigung leben.

Da die *Großen Wissenden* völlige geistige Freiheit lehrten und andererseits die frühen jüdischen Jesuaner noch keine dogmatische Kirche kannten, gab es zwischen Heiden und Ebioniten[5] keine Spannungen. Vielmehr konnte das druidische Prinzip des Miteinander zum Tragen kommen; frühe »Christen« und heidnische Kelten versuchten voneinander zu lernen. Aus anfangs nur kleinen ebionitischen Gemeinden, die unter dem Schutz der *Dru Wid* gediehen, entwickelte sich im Verlauf der nächsten Generationen die keltische Kirche Britanniens und Irlands. Im vierten Jahrhundert dann wendete sich das Blatt. Denn jetzt wurde das Christentum Staatsreligion im Römischen Reich, worauf die römisch-katholische Kirche sofort versuchte, alle anderen Weltanschauungen zu unterdrücken. Vor allem in den Kerngebieten des Imperiums gelang ihr das sehr rasch; auf der britischen Insel hingegen wurde die alte geistige Freiheit zumindest teilweise noch bewahrt, und dies hatte zwei Gründe. Zum einen verlor die römische Besatzungsmacht in jener Epoche bereits an Einfluß, zum anderen war das keltische Christentum im Verlauf von rund drei Jahrhunderten stark vom Geist der Druiden beeinflußt worden und dachte von daher selbst nach seinem Aufstieg bedeutend undogmatischer als die Priesterhierarchie in Rom.

Die Folge war, daß eine ganze Reihe von *Großen Wissenden*, die ihre Philosophie nun nicht mehr unbehindert lehren durften, sich quasi unter das Dach der offiziellen Kirche stellten, so daß christliche und heidnische Weltanschauung sich noch inniger als zuvor vermischten. Und aus dieser Symbiose entwickelte sich jetzt jene spezielle Form

---

[5] Dieser aramäische Ausdruck bedeutet »Die Armen«; Menschen also, welche gemäß der Lehre Jesu weder Reichtum noch Macht anstrebten.

des keltischen, stark druidisch geprägten Christentums, das als »Kirche der Saints« bezeichnet wird. Konkreter ausgedrückt: Neben Jesus, der mittlerweile vom ebionitischen Messias zum christlichen Gott avanciert war, wurden nach wie vor auch die keltischen Götter geachtet; vor allem diejenigen, die sich leicht in die Glaubensvorstellungen des selbst wieder reichlich paganistischen Christentums einbinden ließen. Die keltische Göttin Brighde oder Brigid ist dafür ein recht gutes Beispiel; als heidnische Quell- und Lebensgöttin konnte sie sich ohne große Schwierigkeiten in die christliche »Heilige« Brigitta verwandeln, die besonders an den nach wie vor bestehenden alten Heilquellen, die gleichzeitig Quellheiligtümer waren, verehrt wurde.

Dort dienten ihr dann ehemalige *Dru Wid*, nutzten den Pilgern ganz wie früher durch ihre medizinischen Kenntnisse und gaben ihre Weisheit sehr oft innerhalb der eigenen Familie an die nächste Generation weiter. Auch in anderen Bereichen waren solche Priesterdruiden noch immer sehr erfolgreich tätig, nur wurden sie jetzt allmählich nicht mehr mit ihrem tradierten Namen, sondern als »Saints« bezeichnet, beziehungsweise in Erinnerung behalten. So manche Stätte, an der sie wirkten, wird bis heute als gesegneter Ort betrachtet, und man kann dort noch nach eineinhalb Jahrtausenden jene bescheidenen steinernen Kapellen finden, die während der Epoche der keltischen Kirche zumindest teilweise an die Stelle der einstigen Druidenhaine getreten waren.

Das frühe Christentum Britanniens und Irlands hatte also, weil es die Toleranz der *Großen Wissenden* und dazu viele ihrer Erkenntnisse bewahrt hatte, eine durchaus positive Entwicklung genommen. Im fünften und sechsten Jahrhundert jedoch – und damit befinden wir uns wieder in der Zeit des *Rhiotam* Arthur und seines *Pennbardd* Taliesin – trat der römische Katholizismus zum rücksichtslosen Angriff auf die keltische Kirche an. Im Auftrag des Papstes »befreite« ein gewisser Patricius, der später als Patrick zum Nationalheiligen Irlands wurde, diese Insel von den »Schlangen«, wie es in einer ihn betreffenden frommen Legende heißt. In Wahrheit rottete er mit Unterstützung seiner Kriegsleute jene druidisch-christlichen »Saints« aus, die oft noch Schlangentätowierungen als Zeichen des von ihnen ebenfalls gehüteten alten Wissens trugen. Mit demselben Haß verfolgten Patrick und andere römische Missionare, die gleichzeitig auch in Britannien auftraten, die letzten heidnisch gebliebenen *Dru Wid*. Diese hatten sich in den romanisierten Landesteilen ohnehin zumeist schon in die Einsamkeit zurückgezogen; nun mußten sie selbst dort um ihr Leben fürchten.

Zumindest in jenen westeuropäischen Regionen, wo sie die Macht dazu besaß, setzte die katholische Kirche damit zu Beginn des frühen Mittelalters die tyrannische Politik des Römischen Imperiums fort, wodurch das keltische Prinzip des toleranten Miteinander neuerlich und jetzt auch auf spiritueller Ebene unterdrückt wurde. Im Verlauf der folgenden Jahrhunderte schließlich errang die römische Religion im Bündnis mit den jeweiligen weltlichen Herrschern die absolute Dominanz, und das Resultat war auch in Britannien ein Absturz in die Feudalherrschaft, durch die das Volk physisch und geistig versklavt wurde. Zur Zeit des *Rhiotam* Arthur und des *Pennbardd* Taliesin indessen bäumte sich, wie oben bereits erwähnt, das Keltentum noch einmal gegen diese negative Entwicklung auf, und damit kommen wir nun zu jener Phase der westeuropäischen Geschichte, die den Stoff zu unsterblichen Werken der Dichtkunst geliefert hat.

Das rein heidnische »Reich«, das Arthur für ein Menschenalter wieder aufgerichtet hatte, lag im südwestlichen England und umfaßte in etwa die heutigen Grafschaften Somerset, Wiltshire, Devon, Dorset, Avon und Gloucestershire. Hinzu kamen – neben verschiedenen Fürstentümern, die im Bündnis mit Arthur standen – die traditionellen Rückzugsgebiete der britannischen Kelten: Wales im Nordwesten und Cornwall im Westen. Nahe des Dorfes Cadbury im Südosten von Somerset lokalisierte die moderne Forschung das legendäre Camelot: eine große Ringwallanlage auf einem langgestreckten Hügel, auf die wir im Kapitel »Avalon – ein Tor zur Anderswelt« noch ausführlich zu sprechen kommen werden. Hier residierte der *Rhiotam* in seiner aus Balken errichteten Königshalle, und in Camelot, beziehungsweise dem in Blickweite liegenden uralten Heiligtum von Avalon wirkten unter seinem Schutz viele der letzten völlig freien Druiden, respektive Barden Britanniens und damit des Abendlandes insgesamt.

Myrddin, der später zum Merlin wurde, und Taliesin, welcher nicht nur in Cymru unvergessen blieb, waren die herausragendsten Persönlichkeiten unter ihnen. Eine Menge von Legenden, aber auch konkreten Erinnerungen ranken sich um diese beiden Männer; von Taliesin sind zudem verschiedene Texte erhalten, in denen er seine tiefe Einsicht in das Wesen des Lebens und des Kosmos ausdrückt. Ehe wir jedoch nun den wichtigsten und schönsten seiner Gesänge kennenlernen, ist es nötig, zunächst einige Worte zur Doppelfunktion zu sagen, die geistige Führer wie Myrddin oder Taliesin speziell zur Zeit Arthurs bekleideten.

Ursprünglich, als das Keltentum noch in seiner ganzen Fülle lebte, waren die Aufgabenbereiche von Druiden und Barden getrennt. Die *Dru Wid* wirkten als Philosophen, Lehrer, Ärzte und Astronomen; die Barden waren als Dichter und Historiker tätig. Natürlich kam es gelegentlich vor, daß sich beide Funktionen vermischten und sich einzelne Barden, denen der Rang von *Großen Wissenden* ja ohnehin zugestanden wurde, dank ihres persönlichen Erkenntnisweges zusätzlich zu philosophisch oder astronomisch arbeitenden Druiden entwickelten. Die Regel freilich war das nicht, denn es bestand keine äußere Notwendigkeit dazu. In der Epoche Arthurs hingegen, in der das Druidentum bereits furchtbar unter den römischen und römisch-katholischen Pogromen gelitten hatte, nahmen die Barden, die nicht im selben Ausmaß verfolgt worden waren, häufig die oben erwähnte Doppelfunktion ein.

Dies gilt für Myrddin ebenso wie für den *Pennbardd* Taliesin, der daher von sich selbst sagte: »Ich bin ein Barde, der die Sternenkunde beherrscht und sein Lied singt.« Und wenn wir uns jetzt seinem großen Gedicht »Verwandlungen« aus dem Zyklus »Cad Goddeu« (»Die Schlacht der Bäume«) zuwenden, dann erkennen wir, zu welch andersweltlicher Weisheit die Symbiose von bardischem und druidischem Wissen führte.

Verwandlungen
Ich war da in vielen Erscheinungsformen,
ehe ich die mir gemäße Gestalt fand.
Die schmale Schwertklinge war ich
und bin die vergoldete Lanze gewesen.
(Und werde sie wiedererkennen,
wenn sie sich mir von neuem zeigen.)
Ich war ein Regentropfen in der Luft
und war ein leuchtender Stern am Himmel.
Das Wort in einem Buch war ich
und bin im Beginn ein Buch gewesen.

Ich war das Licht in einer Lampe,
dreimal in Folge, je eine Zeit.
Eine Brücke war ich und spannte mich
über dreimal zwanzig Flüsse.
Als Adler kreiste ich in den Lüften
und durchpflügte als Schiff das Meer.
In der Schlacht führte ich die Krieger,
war das Band an der Windel des Säuglings.
Das Schwert in einer Hand war ich
und das Schild im Kampf.
Eine Harfensaite bin ich gewesen,
neun Jahre lang,
dann vom Zauber gebannt für ein Jahr
in das Gischten des Meeres.
Ich war der Schürhaken im Feuer
und war ein Baum tief im Dickicht.
Nichts existiert, mit dessen Wesen
ich mich nicht verbunden hätte.
Wasser und Schaum bin ich gewesen,
ebenso der Schwamm, der im Feuer glüht.
Bin in der Tat ein geheimnisvolles Holz.

Eine ausführliche Interpretation dieses Gedichts erübrigt sich; der großartige Text Taliesins, der vom sechsten bis zum elften Jahrhundert vor allem in Wales von der dort noch lange bestehenden mündlichen Bardentradition bewahrt und dann schriftlich aufgezeichnet wurde, spricht für sich selbst. Der *Pennbardd* Arthurs vermittelt hier in sehr griffigen Bildern das tiefe Wissen eines Eingeweihten, der das Geheimnis der Seelenwanderung, respektive Wiedergeburt durchschaut. Taliesin, der jetzt als Barde und Druide eine Bewußtseinsebene wie nur wenige andere Menschen erreicht hat, erinnert sich an die Fülle seiner Existenzen vor seiner gegenwärtigen. Er tut es mit der Weisheit eines Kelten, der im Verschiedenartigen oder sogar Gegensätzlichen nicht das Trennende sieht, sondern darin die vielfältigen, miteinander verflochtenen Aspekte eines einzigen großen Lebens zu erkennen vermag.

Dieses ewige Dasein ist keineswegs nur an den menschlichen Körper gebunden, vielmehr inkarniert es sich in allen nur denkbaren Erscheinungsformen durch das gesamte Spektrum der materiellen Natur. Zudem gleicht eine Existenz manchmal die andere aus oder hebt die vorige in ihrer Wirkung auf. So etwa im Fall des kriegerischen Anführers, der anschließend zum Band an der Windel eines Säuglings wird; der also bescheiden Leben behütet, nachdem er Leben genommen hat. Wieder und wieder wandelt das umfassende Dasein sich um und folgt dabei in seiner großen Richtung einer aufsteigenden Linie des Lernens, die zum Ziel der andersweltlichen und kosmischen Erkenntnis führt. Die dazwischenliegenden Tode aber sind in Wahrheit nichts anderes als die Knoten, welche die vielfarbigen Fäden im Gewebe dieses ewigen Lebens, das jedem Menschen von der Großen Göttin geschenkt wurde, miteinander verknüpfen.

Taliesin wiederum, dessen einfaches Steinkammergrab hoch über der Mündung des Flusses Dyfi von den Einheimischen bis heute so sehr in Ehren gehalten wird, machte der westlichen Welt mit seinem Gedicht ein einzigartiges Geschenk. Denn dank dieses genial einfachen Liedes, das einst unter Harfenbegleitung gesungen wurde, läßt sich die druidische Metaphysik von jedermann auf Anhieb begreifen. Wer immer das darin enthaltene Wissen der *Dru Wid* verinnerlicht, wird begreifen, daß seine vergangene, gegenwärtige und künftige Existenz unzerstörbar in jenem größeren Rahmen behütet ist, der durch das Zeichen des Pentagramms symbolisiert wird. Sie oder er wird sich körperlich und mental aufgefangen fühlen in den Armen der Großen Mutter – und ebenso wird der geistige Brückenschlag hin zu jener östlichen Lehre möglich sein, die sich mit der druidischen Weisheit des Westens berührt: zum Wissen des Siddharta, der auf einem ganz ähnlichen Pfad wie Taliesin zum Buddha wurde.

Als mich der walisische Bauer Dufydd im September 1996 zu jenem Ort führte, wo die sterbliche Hülle von Arthurs *Pennbardd* vor eineinhalb Jahrtausenden beigesetzt wurde, fand ich dort einen Quarzstein, der heute neben anderen keltischen Relikten auf einem Bord über meinem Schreibtisch liegt. Er ist kaum so groß wie ein Hühnerei, hat eine zarte, rötlich-bräunliche Färbung und besitzt eine Struktur, die den Eindruck erweckt, als hätten sich Dutzende kleiner Schlangen eng miteinander verknäuelt. Im selben Moment, da mein Fuß damals gegen ihn stieß und ich ihn aufhob, erkannte ich in diesem Stein ein sogenanntes »Schlangenei«, und ich wußte, daß auch darin eine Botschaft Taliesins enthalten war. Denn das »Schlangenei« symbolisierte in der keltischen Welt wiederum jene innige Verflechtung vieler Leben und Lebensformen, so wie sie der *Pennbardd* in seinen »Verwandlungen« schilderte. Und jetzt, da ich diesen besonderen Stein einmal mehr betrachte, wird mir – ganz wie vor einigen Jahren am Grab des Taliesin – klar, wie innig in ihrer Aussage wiederum die Bildende Kunst des Keltentums mit dem ungewöhnlichen Quarzstein und dem Gedicht des unvergessenen kimmrischen Barden verbunden ist.

Verschiedene Autoren haben den keltischen Künstlern unterstellt, sie hätten Abscheu oder gar Furcht vor dem leeren Raum empfunden. In der Tat zeigen die erhaltenen Sakralgefäße wie etwa der Kessel von Gundestrup, die wertvollen Beschlagteile von Wagengeschirren aus la-tène-zeitlichen Fürstengräbern, die goldenen und silbernen Torques, wie sie von hochstehenden Persönlichkeiten getragen wurden, und selbst noch die mittelalterlichen Buchmalereien vor allem Irlands sehr oft eine verwirrende Fülle von Details, zwischen denen wahrlich keine noch so kleine unbearbeitete Fläche bleibt. Andererseits haben die Archäologen aber auch zahlreiche Gegenstände des profanen Lebens entdeckt, die eher sparsam verziert sind, so daß der Schluß naheliegt, die edleren Gegenstände hätten durch ihre künstlerische Gestaltung eben auch eine besondere Bedeutung erhalten sollen. Und genau das ist auch der Schlüssel zum Verständnis der oben erwähnten Eigenart hochstehender keltischer Kunstwerke. Sie besitzen nämlich, ähnlich wie das »Schlangenei« oder das große Gedicht Taliesins, metaphysische Bedeutung und drücken neuerlich die andersweltliche Weisheit der Druiden aus.

Typisch dafür sind zum Beispiel die außerordentlich kunstvoll verschlungenen Knoten, die sich auf zahllosen Relikten finden. Der Ring etwa, den ich seit einem Besuch in Tintagel, wo Arthur gezeugt wurde, am Finger trage, ist das Replikat eines Schmuckstücks aus dem britischen La-Tène und zeigt neun Spiralen, von denen jede dreifach geführt ist und die Linien aus einer Verbindung dreier verschmolzener Punkte im Zentrum sprießen. Jede dieser Spiralen endet in einem artifiziellen Knoten, der sie mit der nächsten verknüpft, und auf diese Weise entsteht ein in sich geschlossenes Fries aus neun gleichartigen Elementen, dessen Ende wieder in den Anfang einmündet.

Aufgrund der keltischen Symbolsprache, die sich stets treu bleibt, läßt sich die Aussage des Ringes aus Tintagel leicht entschlüsseln. Selbstverständlich steht die mehrfach auftauchende Dreizahl für die verschiedenen Aspekte der Göttin Ceridwen, deren Zyklus sich in der Trias der Spirale, aber auch jeweils im Zusammenklang dreier dieser Figuren von der jungen Frau über die Mutter bis hin zur Greisin entwickelt. Da das Schmuckstück aber dreimal drei Spiralen trägt, ist die Große Göttin zugleich in ihrer kosmischen Existenz symbolisiert; konkreter gesagt: Die Potenz ihrer irdischen Zyklen reicht bis zur fünfdimensionalen Ebene. Gleichermaßen jedoch binden die insgesamt neun, durch die Knoten verflochtenen Figuren die Kette von Leben, Tod und neuem Leben des Menschen in diese allumfassende Dimension ein und drücken dadurch wiederum das Wissen um Seelenwanderung, respektive Wiedergeburt aus.

Der Künstler, der vor mehr als zweitausend Jahren das Original des Ringes schuf, mußte diese vielschichtige Botschaft auf der sehr begrenzten Fläche eines kleinen Schmuckstückes unterbringen, damit sie im Alltag des Trägers stets gegenwärtig sein konnte. Von daher war der Silberschmied natürlich gezwungen, jeden Millimeter zu nutzen, doch das ist nur eine eher technische Antwort auf die Frage, warum die Ornamente auf keltischen Kunstwerken meist so verwirrend dicht »gepackt« sind und keine noch so winzige Fläche aussparen. Der tiefere Grund liegt einmal mehr im druidischen Wissen um die Existenz der Anderswelt, die auf tausenderlei Weise mit den drei gewöhnlichen Dimensionen verflochten ist. Für menschliche Augen ist sie unsichtbar, aber die Kunsthandwerker der Kelten, die ihre Bedeutung verinnerlicht hatten, stellten sie symbolisch durch die fein ziselierten Ranken, Geflechte oder zierlichen Symbole der verschiedenen Götter dar, welche sich auf so vielen ihrer Arbeiten finden. Ihre angebliche Furcht vor dem leeren Raum war also in Wahrheit Ausdruck tiefer Weisheit und Einsicht in die verborgenen physikalisch-metaphysischen Gesetze des Kosmos, und nur wer das erkennt, kann die Aussage keltischer Kunst wirklich begreifen.

Wie wir an diesem Beispiel erneut sehen, sind die Schlüssel zum Verständnis des Denkens der *Dru Wid* mannigfaltig. Ein einfacher Ring, wie er in jedem »Craft Centre« von Cornwall, Schottland oder Wales zu finden ist, kann ebenso Wegweiser sein wie jenes »Schlangenei«, das vielleicht schon viele Jahrhunderte beim Grab des *Pennbardd* Taliesin lag. Aber auch kleine Ausflüge in solchen Gegenden Mitteleuropas, wo einstmals Kelten lebten, können zu überraschenden Einsichten führen – so etwa eine kurze Wanderung zu einer la-tène-zeitlichen »Schanze« in Niederbayern, die ich im Herbst 1997 mit einer Freundin unternahm ...

Gertrud, eine promovierte Biologin und Buchautorin, weiß eine Menge über »Erdstrahlen« und ihren Einfluß auf Flora, Fauna und menschliche Psyche; zudem ist sie fähig, mit der Wünschelrute zu gehen. An diesem nieseligen Oktobernachmittag nun führte sie mich zu einem Waldstück, in dem sich ein rechteckiger Erdwall aus den letzten vorchristlichen Jahrhunderten verbirgt. Solche »Keltenschanzen« finden sich noch sehr häufig in Süddeutschland, ebenso in Böhmen, Mähren, Österreich, der Schweiz, Frankreich und sogar Spanien; allerdings wurden sie früher von den Archäologen falsch interpretiert: nämlich als Verteidigungsanlagen aus jener Zeit, da die Römer ihr Imperium nach Norden und Westen auszudehnen begannen. In Wahrheit handelt es sich um Druidenhaine oder *Nemetons*, in denen die *Großen Wissenden* zurückgezogen lebten; ebenso dienten sie aber bei den Jahreskreisfesten und politischen Zusammenkünften der Kelten auch als Versammlungsplätze für die umwohnende Bevölkerung.

Ein uralter Hohlweg brachte uns zur östlichen Flanke des recht gut erhaltenen Erdwalles, der immer noch zwei bis drei Meter über das umgebende Niveau aufragt. Nachdem wir das Terrain einmal abgeschritten hatten, inspizierten wir es mit Hilfe unserer Wünschelruten. Sowohl die von Gertrud als auch meine schlugen genau dort aus, wo aus dem östlichen Wall der südliche wurde; durch weitere Tests stellten wir eine sehr starke »Wasserader« fest, die offenbar genau unter der ost-westlich verlaufenden Erdaufschüttung verlief. Mehr noch: Als wir auch die drei anderen Flanken der »Schanze« untersuchten, ergab sich entlang ihrer Fluchtlinien exakt der gleiche radiästhetische Befund. Zusätzlich entdeckten wir zwei sich rechtwinklig kreuzende elektromagnetische Energiebahnen, deren Zentrum sich genau im Mittelpunkt der la-tène-zeitlichen Anlage befindet, so daß der Druidenhain durch sie in vier gleichgroße Rechtecke unterteilt wird.

Nachdem wir unseren Rundgang, bei dem wir uns teilweise durch wild wucherndes Brombeergestrüpp kämpfen mußten, beendet hatten, konnte es keinen Zweifel mehr daran geben, daß die Erdwälle bis heute ein Areal mit ganz besonderen geophysikalischen Eigenschaften markieren. Und ganz gewiß hatte ein *Dru Wid* des späten La-Tène sie nicht zufällig dort aufschütten lassen, sondern sie waren über den hier außerordentlich kräftigen »Wasseradern« angelegt worden, damit deren Kräfte gezielt genutzt werden konnten. Die *Großen Wissenden*, die am elektromagnetischen Energieknoten innerhalb der »Schanze« meditierten, erfuhren wohl dank der hier gebündelten Erdstrahlung gewisse Bewußtseinserweiterungen, die ihnen das Erkennen der Anderswelt erleichterten.

Aber auch die übrigen Bewohner der Gegend profitierten davon, wenn sie sich am Druidenhain zu ihren Festen versammelten. Mit Sicherheit standen sie dabei auf den genau zu diesem Zweck aufgeschütteten Wällen und damit über jenen sehr wirksamen »Wasseradern«, welche das Areal eingrenzen, so daß auch sie körperlich und psychisch sensibilisiert wurden. Angeleitet von ihrem *Dru Wid*, der dabei ohne Zweifel den oben beschriebenen Platz im Zentrum der Anlage einnahm, vermochten die Menschen nun ebenfalls tiefer als im Alltag zu empfinden, und gemeinsam näherte man sich auf diese Weise den Göttern.

Die von Gertrud und mir begangene »Keltenschanze« war also ein Ort, an dem die Druiden ihr Wissen um die verborgenen physikalischen Kräfte der Erde ganz gezielt zu metaphysischen und wahrscheinlich zusätzlich zu medizinischen oder psychotherapeutischen Zwecken nutzten. Die gleiche Funktion besaßen dann logischerweise auch andere derartige Anlagen; ähnlich wie die in Niederbayern erfüllten sie, weil die *Dru Wid* ihre besonderen Eigenschaften zum Tragen brachten, eine ausgesprochen positive Aufgabe. Um so ärgerlicher ist angesichts dieser Erkenntnis die Tatsache, daß sich gelegentlich wahre Schauermärchen um die ehemaligen Druidenhaine ranken. Von finsteren, bösartigen Riten »gottloser« Heiden wird dann gefaselt, und manche Autoren haben sich sogar zu der Behauptung verstiegen, innerhalb der »Schanzen« sei es einst zu Menschenopfern gekommen.

Diese schreckliche Fehlinterpretation bestimmter keltischer Rituale wurde vor allem deswegen in die Welt gesetzt, weil Archäologen im Inneren der Erdwallanlagen sehr oft tiefe Schächte entdeckten. Solche Gruben erreichten eine ansehnliche Tiefe, in einzelnen Fällen bis zu vierzig Metern, und lagen immer im nördlichen Bereich des von den *Großen*

Wissenden gehüteten Areals. Ausgrabungen auf dem Grund derartiger Schächte brachten eine Fülle von Gefäßscherben, aber auch Hirschgeweihe und Tierknochen sowie kleine, aus Ton geformte Bildnisse einer weiblichen Gottheit ans Tageslicht. Außerdem fanden sich in den flacheren Gruben manchmal Relikte großer Baumstämme, die samt Ästen und Wurzeln versenkt worden waren – und darunter kamen einzelne menschliche Skelettreste zum Vorschein.

Sofort wurden damit Menschenopfer assoziiert, was aufgrund der jahrtausendelangen Verteufelung alles Heidnischen durch die christlichen Priester eigentlich kein Wunder war. Aber natürlich ist es falsch, sich Greuelszenarien auszumalen, die sich angeblich im Dunkel der Nacht innerhalb der bewußten Erdwälle zutrugen. Denn nach allem, was wir inzwischen über die dem Leben so außerordentlich verpflichtete Lehre der Druiden wissen, hätten diese Frauen und Männer sich unmöglich dazu versteigen können, blutige Opferrituale zu praktizieren. Ganz im Gegensatz zum christlichen Klerus, der in der Tat nicht vor Menschenopfern in Form von Hexen- oder Ketzerverbrennungen zurückscheute, war den *Dru Wid* das beseelte Dasein in jeglicher Form heilig, und sie hätten deswegen niemals ohne Not in den von der Natur vorgegebenen Kreislauf des Lebens eingegriffen. Die Gebeine, die in den bewußten Schächten gefunden wurden, können damit nur von Menschen stammen, die vor ihrer ungewöhnlichen Beisetzung auf natürliche Weise verstorben waren – und wenn wir uns jetzt noch einmal die Bäume vor Augen führen, die ebenfalls in den Gruben »wurzelten«, läßt sich die einzig mögliche Lösung des Rätsels leicht finden.

Zunächst jedoch muß zu diesem Zweck die allgemeine Bedeutung solcher Schächte erklärt werden. Sie lagen ohne Ausnahme im nördlichen Bereich der Druidenhaine, also dort, wo die Sonne niemals am Firmament steht, und damit wiederum außerhalb des sichtbaren Lebenskreislaufes, der in diesem Fall durch das Gestirn symbolisiert wird. In diesem verborgenen Segment des großen Zyklus aller körperlichen Existenzen aber erfolgt die Umwandlung von einem verbrauchten Dasein hin zu einem neuen, und diese Metamorphose vollzieht sich im »dunklen Schoß der Großen Göttin«, die hier als dritter Aspekt der Ceridwen gesehen werden muß. Aus diesem Grund befanden sich die Gruben stets im Norden der Umwallungen; sie stehen damit für nichts anderes als jenen geheimnisvollen »Kessel des Lebens«, von dem in der keltischen Mythologie so oft die Rede ist.

Die Opfergaben nun, die man auf dem Grund der Schächte fand, sind Überbleibsel von Ritualen zu Ehren der Großen Mutter, die in ihrer »nördlichen« Gestalt um den Tod weiß und den Geist von Mensch, Tier oder Pflanze hinüber in ein weiteres Leben führt. Wahrscheinlich pilgerten die Kelten um die Zeit der Wintersonnenwende, die wiederum dem genannten Aspekt der Ceridwen entspricht, zu den Druidenhainen. Wenn sie dann die Scherben zerbrochener, quasi »verstorbener« Gefäße oder die Knochen, beziehungsweise Geweihe toter Tiere im »dunklen Schoß« versenkten, dann taten sie dies eben im Bewußtsein der oben angesprochenen Erneuerungskraft der Göttin. Manchmal wurden auch irdene Statuen der Gottheit selbst im Erdmutterschoß niedergelegt; vermutlich sollte dessen metaphysische Potenz durch diese – von den Gebeten der Pilger »erfüllten« – Bildwerke angeregt werden.

Derartige Rituale waren, wie die zahlreichen einschlägigen Funde beweisen, überall gleich. An einigen Plätzen jedoch wurden zusätzlich Teile menschlicher Skelette auf dem Grund der Schächte gefunden, und diese Gebeine kamen stets zusammen mit den Resten großer Bäume zum Vorschein. Dies aber kann, nachdem wir die Bedeutung der Gruben nun kennen, nur eines heißen: In seltenen Fällen fanden in einem »Kessel des Lebens« auch Humanbegräbnisse statt, bei denen ein Toter, sicher von besonderem Rang, direkt am sakralen Ort beigesetzt wurde, damit dessen Kräfte quasi ohne Verzögerung auf ihn wirkten. Darüber hinaus wurde dem hochstehenden Verstorbenen durch die Beigabe des Baumes auch gleich der Weg gewiesen, auf dem er sich dank der Großen Göttin in eine neue Existenz hinein umwandeln konnte: Sein Geist sollte sich mit dem der Pflanze verbinden, zusammen mit ihr neu austreiben und auf diese Weise sofort wieder ins körperliche Leben zurückkehren.

Diejenigen aber, denen man eine solch rasche Metamorphose vor allen anderen zutrauen konnte, waren niemand sonst als die Druiden. Damit haben wir in jenen Schächten, wo angeblich Menschenopfer dargebracht wurden, in Wahrheit Grabstätten der *Großen Wissenden* vor uns. Zwar nicht überall in der keltischen Welt, aber zumindest bei einzelnen Stämmen oder Völkern wurden ihre sterblichen Überreste auf die beschriebene Art unter die Erde gebracht. Und die Erinnerung an diese spirituell herausragenden Beisetzungen hat sich in manchen Gegenden Europas bis herauf in die Gegenwart erhalten; so etwa im niederösterreichischen Waldviertel, wo die Keltenforscherin Martha Sills-Fuchs[6] eine sehr bezeichnende Tradition mit folgenden Sätzen dokumentierte: »Einen (...) sehr innigen und gefühlstiefen Brauch zwischen Mensch und Baum hat mir meine Mutter erzählt: In ihrer Heimatgemeinde war es noch im Jahr 1890 üblich – und sie selbst war Augenzeugin solchen Tuns

---

[6] Martha Sills-Fuchs, die 1987 verstarb, war die Autorin des legendären Bestsellers »Wiederkehr der Kelten«.

gewesen –, daß man unter die Zunge eines gestorbenen Menschen einen Tannensamen legte, bevor man den Sarg verschloß und ihn begrub.«

Ein ganz ähnliches Motiv taucht im Sagenkreis um Arthur und Merlin auf, wo der große Druide Britanniens zuletzt von den Pflanzen des Waldes Broceliande umhüllt, verborgen und dadurch vor seinen Feinden beschützt wird. Und wer weiß, ob nicht auch das Steinkammergrab Taliesins hoch über der Mündung des Dyfi einst von Bäumen behütet wurde, zwischen deren Ästen und Zweigen der Geist des *Pennbardd* in anderer Gestalt weiterlebte. Sicher ist, daß sowohl der unsterbliche Dichter als auch sein Zeitgenosse Myrddin um das Geheimnis derartiger Metamorphosen wußten und sich in Camelot darüber austauschten. Damit aber führt uns Taliesin, der das Lied der vielfältigen Verwandlungen sang, zur nächsten Station unseres Weges: auf jenen Pfad, den einst Merlin wanderte.

VI

Der runde Tisch Myrddins

Die beiden Drachen kämpften ein Stück südlich des Yr Wyddfa, der in der englischen Sprache Mount Snowdon heißt und dem weltberühmten Snowdonia Nationalpark in Nordwales seinen Namen gab. Vom Llyn Dinas aus, dem kleinen, schilfumsäumten »See der Festung«, führt ein anfangs noch bequemer Fußpfad die westlich gelegene Bergflanke jenseits des Sträßchens hoch. Kurz vor dem uralten Einödhof Hafody-porth biegen wir links ab und erreichen nach etwa viertelstündigem und jetzt kräftezehrendem Aufstieg Dinas Emrys: die verfallene Hügelburg jenes kimmrischen Herrschers, der unter dem romanisierten Namen Ambrosius in die Geschichte eingegangen ist.

Freilich war es nicht dieser Fürst Emrys, der die Ringwallanlage im fünften Jahrhundert erbauen ließ, sondern sein Vorgänger Vortigern. Dessen Gefolgsleute schütteten zwischen den natürlich gewachsenen Felsen der Bergkuppe die kreisförmigen Erdwälle auf, verstärkten sie mit Steinen und Palisaden und begannen auch mit der Errichtung des zentralen, aus Quadern gefügten Turmes. Noch immer sind die in die Erde eingetieften Fundamente dieses »Donjons« erhalten, und während wir nun in ihrem Windschutz den Tee für unser ungewöhnliches Picknick auf »magischem« Grund und Boden zubereiten, berichten meine walisischen Freunde Jane und Richard vom ersten Auftreten des Myrddin oder Merlin, das unter äußerst spektakulären Umständen genau hier stattfand.

Vortigern, der vom römischen Ungeist der absoluten Machtausübung befallen war, hatte um das Jahr 450 gewaltsam den Thron des britannischen Hochkönigs usurpiert und dabei um seiner Herrschsucht willen mit den eben auf der Insel gelandeten Sachsen um das Häuptlingspaar Hengist und Horsa[7] paktiert. Die nach wie vor föderal denkenden keltischen Fürsten Britanniens, die entsprechend der druidischen Lehre als *Ard Rhi* einzig einen frei gewählten Repräsentanten akzeptieren wollten, traten zum entschlossenen Kampf gegen Vortigern an. Da er bald auch noch die Germanen gegen sich aufbrachte, die sein doppelbödiges Ränkespiel jetzt ebenfalls durchschauten, wurde er in mehreren Schlachten geschlagen und floh zuletzt in das nur schwer zugängliche Bergmassiv von Snowdonia im Nordwesten von Cymru.

Hier, auf dem steilen Hügel über dem schilfumrandeten See, nahm er den Bau der bewußten Festung in Angriff – doch den Turm vermochten seine Gefolgsleute nicht zu vollenden. Denn nach der Ausschachtung des Fundaments stürzten die Mauern, die sie tagsüber errichtet hatten, jede Nacht wieder ein. In seiner Verzweiflung suchte Vortigern der Legende nach Rat bei gewissen »Zauberern«, welche ihm aber nicht helfen konnten, oder – wahrscheinlicher – wollten, weil es sich bei ihnen um Druiden handelte, die ihm feindlich gegenüberstanden. In dieser Situation tauchte plötzlich ein Bursche namens Myrddin auf, welcher nun eine ganz erstaunliche Probe seiner Fähigkeiten gab.

»Der junge Mann«, so erzählt Richard mit versonnenem Blick, »forderte den Usurpator auf, innerhalb des Turmsockels so tief graben zu lassen, bis man auf zwei große Felsen von außergewöhnlicher Art stoße, um die sich ein unterirdischer Fluß schlängle. Bei diesen Felsen lagere jeweils ein Drache, der eine weiß, der andere rot. Diese Tiere aber

---

[7] Diese germanischen Namen bedeuten »Hengst« und »Stute«. Erst im Zuge einer christlichen Übertünchung der Geschichtsschreibung wurde die Anführerin Horsa zu einem männlichen Häuptling gemacht.

fühlten sich durch den Festungsbau gestört, weshalb sie die Last, die sie bedrücke, jede Nacht wieder abschüttelten. Obwohl Vortigern zunächst über Myrddin spottete, befolgte er schließlich den Rat des seltsamen Burschen. Tatsächlich kamen tief im Berg das Gewässer, die Felsen und die beiden Drachen zum Vorschein – und nachdem das Tageslicht sie getroffen hatte, begannen die andersweltlichen Tiere gegeneinander zu kämpfen. Gebannt wurden der Usurpator und seine Gefolgsleute Zeugen der furchtbaren Schlacht; zuletzt dann besiegte der weiße Drache den roten ...«

»Und nun gab der junge Merlin jene große Prophezeiung ab, die bis heute in den Herzen aller keltisch empfindenden Menschen lebendig geblieben ist«, fällt Jane ein. »Der Seher sagte nämlich, der weiße Drache stünde für die Feinde der Britannier, der rote hingegen symbolisiere das Keltentum. Jetzt, durch den Verrat Vortigerns, werde der rote Drache zurückgedrängt, und in Verbindung mit seiner Niederlage werde auch der Usurpator ein schreckliches Ende finden. Bald aber, wenn aus Cornwall ein Eber hervorbreche und zum *Rhiotam* werde, beginne der Kampf zwischen den Tieren von neuem, und dann müsse der weiße Drache weichen. Neuerlich aber werde er im Lauf der folgenden Menschenalter die Oberhand gewinnen, bis zuletzt, in sehr ferner Zukunft, nachdem er sich zwischendurch mehrmals für kürzere Zeit habe behaupten können, der rote Drache endgültig siege. Und damit werde das bereits erloschen geglaubte Keltentum seine Wiedergeburt erleben.«

»Dies ist die große Vision Myrddins, und wir Waliser glauben daran«, sagt Richard; der eben noch versonnene Ausdruck in seinen graugrünen Augen macht dabei einem sehnsüchtigen Aufleuchten Platz. »Wir zweifeln unter anderem deswegen nicht, weil ein beträchtlicher Teil von Merlins Prophezeiungen, die Jane nur sehr gerafft wiedergab, inzwischen wahr geworden ist. In der Tat kam Vortigern, der die alte keltische Welt verraten hatte, schon sehr bald auf schreckliche Weise um. Wenig später erschien Arthur, der als Sohn der Fürstin Ygerna von Cornwall tatsächlich den Beinamen ›Eber von Cornwall‹ trug, obwohl er teils in Cymru aufgewachsen war. Unter dem Banner des Roten Drachen, das er von seinem Vater Uther Pendragon übernommen hatte, richtete er im Kampf gegen Sachsen, Angeln und Jüten sowie die romanisierten Territorialherren und deren römisch-katholische Priesterschaft noch einmal ein freies keltisches Reich auf. Freilich konnte es sich, wie Myrddin ebenfalls vorhergesehen hatte, nicht mehr auf Dauer behaupten. Bald nach Arthurs Tod zogen sich die letzten intakten keltischen Stämme in ihre Strongholds nach Cymru und Cornwall zurück; ihren Traum aber nahmen sie mit und erhielten ihn bis heute am Leben!«

»Und auch die Freiheitskämpfer, von denen Merlin in seiner großen Prophezeiung für die Zeit lange nach Vortigern sprach, tauchten auf!« ruft Jane begeistert. »In der Mitte des elften Jahrhunderts gab Gruffudd ap Llewelyn, dessen Name von Myrddin mehr als ein halbes Jahrtausend zuvor richtig genannt wurde, den Menschen von Cymru ihre Unabhängigkeit zurück, wenn auch nur für kurze Zeit. Um 1200 befreite Llewelyn ap Iorwerth, den wir auch als den Großen bezeichnen, Wales noch einmal für den größten Teil des dreizehnten Jahrhunderts; auch sein Kommen wurde richtig prophezeit. Dasselbe gilt für Owain Glyndwr, der den erfolgreichen Aufstand von 1400 anführte, Wales das Parlament von Machynlleth schenkte, dessen frei gewählte Repräsentanten Cymru im keltisch-demokratischen Geist regierten, und selbst als *wahrer* Prinz von Wales in die Erinnerung unseres Volkes einging, nachdem er – ähnlich wie Arthur – auf geheimnisvolle Weise wieder verschwunden war ...«

»Dies sind nur einige der Schauungen, die Merlin hinsichtlich der künftigen kimmrischen Geschicke hatte«, unterbricht wiederum Richard. »Aber seine Prophezeiungen greifen noch sehr viel weiter. Letztlich schildern sie mit der Sprachgewalt und dem historischen Weitblick eines herausragenden Barden die gesamte Entwicklung Europas bis hinein ins dritte Millennium, dessen Beginn beispielsweise durch schreckliche Umweltzerstörungen, wie wir sie in ihren Anfängen bereits heute beobachten können, gekennzeichnet ist. Es heißt dort etwa, Erde, Wasser und Luft seien dann dermaßen vergiftet, daß bisher unbekannte Krankheiten ausbrechen würden; außerdem ist offenbar von einem Kippen der Erdachse in naher Zukunft die Rede. Gleichzeitig aber hatte Myrddin die Vision, daß diese Katastrophenzeit durch den finalen Sieg des roten Drachen überwunden werde. Von neuem werde das Abendland sich auf sein keltisches Erbe besinnen und abermals die Weisheit der Druiden verinnerlichen, und damit sei die Finsternis, die nach dem Tod des Ebers von Cornwall nicht nur über Britannien hereinbrach, endgültig besiegt!«

»So wird es geschehen!« sagt Jane leise, aber sehr überzeugt. »Denn aus Merlin sprach die Große Göttin!« Dann greift sie zum verbeulten Teekessel, der an einem schräg in die Erde gesteckten Ast über der kleinen Feuerstelle hängt, und füllt unsere Becher. Schweigend trinken wir und nehmen noch einmal die Stimmung der von den Ringwällen umgrenzten Hügelkuppe in uns auf. Nach Vortigerns grausamem Tod vollendete der kimmrische Fürst Emrys den Bau der Festung; er tat es mit Myrddins Hilfe, wie die Überlieferung berichtet. Danach freilich verschwand der Visionär, der später zum bekanntesten Druiden Britanniens werden sollte, vorerst wieder: in die Einsamkeit eines Haines, wie es in den tradierten Geschichten über ihn heißt. Auch wir wandern nun langsam zurück ins Tal des Llyn Dinas, und während um uns herum langsam die Abenddämmerung einfällt, wird mir bewußt, daß Merlin vor eineinhalb Jahrtausenden mit Sicherheit genau denselben Weg nahm, auf dem jetzt Jane, Richard und ich gehen ...

Wohin der weitere Lebensweg Myrddins führte, ist allgemein bekannt. Als jener *Große Wissende*, der in uralter keltischer Tradition als gleichberechtigter Berater an der Seite Arthurs stand, ging er sowohl in die Legende als auch in die Geschichte ein. Er war es, der dem beinahe übermenschlichen Kampf des *Rhiotam* erst den geistigen Rückhalt gab, ohne den Arthurs Siege rein militärische Erfolge geblieben wären. Einzig im Zusammenspiel beider Elemente keltischer Führung – der pragmatischen und der philosophisch-metaphysischen, die freilich durch das ihnen gemeinsame überhöhte Bewußtsein wiederum eng miteinander verknüpft waren – konnte es gelingen, ein halbes Jahrtausend nach dem Untergang des europäischen »Sonnengürtels« noch einmal ein blühendes, letztlich nach wie vor la-tène-zeitliches und dennoch in die Zukunft weisendes Reich aufzurichten.

Ehe wir uns aber näher mit dieser »mentalen Struktur« von Camelot beschäftigen, zunächst noch eine kurze Analyse des ersten Auftretens von Merlin, das in Dinas Emrys auf so ungewöhnliche Weise und eigentlich völlig atypisch für einen *Dru Wid* erfolgte.

Zunächst war Myrddin noch nicht einmal völlig erwachsen, als er dem Vortigern seinen nahe bevorstehenden Tod prophezeite. Er konnte also, genaugenommen, noch gar nicht im Rang eines Druiden stehen, denn dazu wäre normalerweise eine etwa zwanzigjährige Ausbildung nötig gewesen. Dennoch bewies Merlin aber durch seine Schauung, daß er zumindest bestimmte Fähigkeiten eines *Großen Wissenden* besaß; in seinem Fall die eines *Vates* oder eben Hellsehers, welche Menschen wiederum zur Schicht der Druiden gehörten. In Myrddins Fall scheint damit eine außerordentliche natürliche paranormale Begabung vorgelegen zu haben, die ihm bei anderen Völkern ohne Zweifel gleich von Jugend an einen sehr hohen gesellschaftlichen Status gesichert hätte. Anders war es freilich in der keltischen Welt des westlichen Britannien; hier avancierte Merlin, auch wenn seine erste Vision sich schon bald bewahrheitete, noch lange nicht zu einem offiziell anerkannten *Dru Wid*.

Vielmehr verschwand er in den Heiligen Hainen Cymrus, wo in der Einsamkeit bestimmte herausragende Lehrer gelebt haben sollen, die ihn nun über viele Jahre hinweg auf dem Barden- und Druidenweg führten. Nur einmal scheint er während jener Zeit kurz im Süden Englands geweilt zu haben: im Zusammenhang mit der Zeugung Arthurs in der Festung von Tintagel in Cornwall, wo die kornische Fürstin Ygerna und der walisische Fürst Uther Pendragon sich vermutlich während einer sogenannten Heiligen Hochzeit gleichermaßen körperlich und rituell paarten, um Britannien damit einen künftigen König zu schenken, der sowohl von den Menschen in Cornwall als auch denen in Cymru als einer der ihren angesehen werden konnte. Spätere, christlich denkende Autoren des Mittelalters haben im Part Myrddins bei diesem außergewöhnlichen Ritual nichts weiter als ein ränkevolles oder sogar schmutziges Spiel gesehen, was sicherlich mit der Sexualfeindlichkeit ihrer Religion und der rigorosen Ablehnung alles Heidnischen zusammenhängt. In Wahrheit jedoch scheint Merlin hier erstmals druidischen

Geist in die Politik eingebracht zu haben – und bei objektiver Betrachtung war sein Handeln sehr positiv, denn es diente der friedlichen Vereinigung zweier großer Volksstämme der Insel.

Neuerlich also bewies sich Myrddin als herausragender Mensch mit wichtigen Fähigkeiten eines *Großen Wissenden*, aber noch einmal zog er sich nach der Heiligen Hochzeit von Tintagel nach Wales zurück, um sich dort wiederum dem kontemplativen Leben in einem *Nemeton* hinzugeben. Erst als Arthur, der damals vielleicht siebzehn oder achtzehn Jahre alt war, zu einem Anführer des keltischen Heeres aufstieg und den Kampf gegen die Feinde des heidnischen Keltentums aufnahm, stellte sich Merlin endgültig an seine Seite und blieb von nun an bis zum Tod des *Rhiotam* als dessen engster Freund und Berater bei ihm. Konsequent hatte er aber zuvor – und obwohl er von seinen Zeitgenossen längst als hoch inspirierte Person erkannt worden war – ganz offensichtlich die volle Ausbildung zu einem Barden und *Dru Wid* durchlaufen. Das aber kann nur bedeuten: Natürliche Begabung, und sei sie noch so spektakulär gewesen, genügte nicht, um Druide zu werden; es mußten noch sehr wesentliche Elemente hinzukommen.

Ohne Zweifel war im Fall Myrddins bereits in dessen Jugend ein ganz erstaunliches präkognitives und poetisches Talent vorhanden gewesen, das sich jedoch zunächst noch auf eine reine, weitgehend wertneutrale Zukunftsschau beschränkt hatte, wie die Prophezeiung von Dinas Emrys zeigt. Als Merlin jedoch einige Jahre später in Tintagel auftrat, war er offenbar bereits fähig, das künftige Geschick Britanniens lenkend zu beeinflussen. Die ungewöhnliche Verbindung zwischen Ygerna und Uther Pendragon, an deren Zustandekommen der »junge« *Dru Wid* beteiligt war, sollte sich – entsprechend der hohen Moral druidischen Denkens, die Merlin mittlerweile verinnerlicht hatte – positiv auf die Zukunft des Landes auswirken. In der Zeit schließlich, in der Arthur heranwuchs, erwarb sich Myrddin die ganze Fülle des druidischen Wissens. Was das aber konkret bedeutet und welch zusätzliche Komponenten der Erkenntnis dazu nötig waren, erkennen wir, wenn wir Merlins Taten nach dem Aufstieg Arthurs zum *Rhiotam* genauer unter die Lupe nehmen.

Wie die Legende berichtet, sorgte der nun »erwachsene« Druide dafür, daß der König in den Besitz des mit ganz besonderen Kräften ausgestatteten Schwertes Excalibur kam. Diese Waffe – real wahrscheinlich eine der damals in Europa außerordentlich seltenen damaszierten Klingen – war darüber hinaus, wie die Überlieferung lautet, mit »magischen« Kräften ausgestattet. Allein Arthur vermochte sie aus jenem Felsspalt zu ziehen, in dem sie zunächst steckte; nachdem er sich mit Excalibur verbunden hatte, wurde er unbesiegbar und konnte das keltische Britannien befreien. Erst als ein Teil seiner Gefolgsleute von ihm abfiel und sich unter Führung Mordreds gegen ihn wandte, schützte das Schwert den *Rhiotam* nicht mehr; tödlich verwundet, wurde er auf die *Ynys Avallach* gebracht. Excalibur aber verschwand nun in den Fluten des Sees, der diese heilige Insel umspülte, und die Hand, die sich dort aus den Wellen streckte, um die Klinge zurückzunehmen, gehörte einer weiblichen Gottheit.

Verfügt man über keltisches Bewußtsein, so ist die Interpretation dieses Geschehens nicht schwer. Myrddin, der zu Beginn von Arthurs Königtum sein volles druidisches Wissen erlangt hatte, vereinigte den *Rhiotam* über das »magische« Schwert mit der Kraft des Erdmutterschoßes, denn in keiner anderen »Scheide« steckte Excalibur am Anfang. Diese Ausweitung der Herrscherkraft hinein in den Bereich der Anderswelt stellte das große Geschenk des *Dru Wid*, welcher allein zu dieser Initiation imstande war, an Arthur dar. Die Verknüpfung des Königtums mit dem Geist der Großen Göttin verflocht zugleich auch die verschiedenen Völker Britanniens miteinander, so daß sie unter der realpolitischen Führung ihres *Rhiotam* und der ideellen Anleitung Merlins einen Teil der alten keltischen Föderation Europas wiederzubeleben vermochten. Als dann jedoch der vom persönlichen Machthunger besessene Mordred gegen Arthur rebellierte, zerriß er dadurch das von Myrddin geknüpfte Netz sowohl auf der realen als auch der metaphysischen Ebene. Excalibur entglitt der Hand des sterbenden Königs und wurde von derjenigen wieder eingefordert, aus deren Schoß es einst geboren worden war: von der Dreifachen Göttin. Sie freilich trat jetzt nicht mehr in ihrem fruchtbaren Aspekt als Gebärerin auf, sondern in ihrer »dunklen« Gestalt als Herrin des Sees, beziehungsweise des Kessels der Umwandlung, in dem der Traum Arthurs begraben wurde, um dereinst in erneuerter Form wiedergeboren zu werden. Der große Druide aber, der das Schwert ans Ufer brachte und damit einen Kreis schloß, sorgte dafür, daß noch aus der Katastrophe heraus neue Hoffnung aufleben konnte.

Lange zuvor war Merlin dem König behilflich gewesen, Camelot zu erbauen, wie es ebenfalls in der Sage heißt. Nun war jedoch die bewußte Hügelfestung bei Cadbury in Somerset bereits in der Jungsteinzeit errichtet und noch vor Ankunft der Kelten in Britannien zu einer von mehreren Erdwällen geschützten Anlage erweitert worden war, so daß sie im fünften Jahrhundert lediglich wieder instandgesetzt werden mußte. Logischerweise muß mit der »Erbauung« durch Myrddin also etwas anderes gemeint sein, und wenn man nun weiß, daß Camelot in Sichtweite von Avalon liegt und zusammen mit diesem heiligen Ort ein Ensemble bildet, dann wird klar, was Merlin in Wahrheit tat: Er verband den Königssitz Arthurs mit einem spirituellen Zentrum von hohen Graden und schuf erst dadurch das wahre Camelot. Im Kapitel »Avalon – ein Tor zur Anderswelt« werden wir noch näher darauf eingehen; vorerst nur soviel: Weil er die langjährige Ausbildung zum *Großen Wissenden* durchlaufen hatte, war Myrddin fähig geworden, die Festung Camelot sowohl in der dritten als auch in der vierten Dimension zu verwurzeln und ihr auf diese Weise mehr Kraft zu geben, als andere, rein militärische Anlagen sie besaßen.

Die einzigartige Bedeutung Camelots ergab sich aber auch aus dem Umstand, daß Merlin dort den »Runden Tisch« aufstellte, wie die Legende seine dritte große Tat umschreibt. Dabei ging es allerdings nicht um eine »Tafelrunde« strahlender »Ritter«, welches Bild in völliger Verkennung der wahren Tatsachen gerne in Hollywoodfilmen gezeichnet wird. Vielmehr existierte der »Runde Tisch« vor allem im Bewußtsein des *Rhiotam* und seiner Mitstreiter. Er stand nämlich für die uralte druidische Idee des »Sonnengürtels«, dessen westlichstes Glied in den nun wiedervereinigten keltischen Landesteilen Britanniens neu geschmiedet worden war. Noch einmal sollte unter der geistigen Führung Myrddins der – vielleicht verzweifelte – Versuch gemacht werden, dem Abendland jenes Prinzip des Miteinander zurückzugeben, das von den römischen Legionen und danach der römisch-katholischen Kirche so brutal unterdrückt worden war.

Gerade als positive Alternative zur dogmatischen Theologie des Papsttums, dessen Kleriker keinen anderen Glauben neben dem ihren mehr dulden wollten, hätte der von Merlin errichtete »Runde Tisch« außerordentlich fruchtbringend wirken können. Denn sein Wesen beinhaltete das Gesetz von der gleichwertigen Verflechtung allen Lebens und damit auch aller konstruktiven Weltanschauungen. Schon die hallstatt- und la-tène-zeitlichen Druiden hatten dies sehr klar erkannt; ihre Weisheit wollte der *Große Wissende* an der Seite Arthurs jetzt erneut in das frühmittelalterliche Europa einbringen. Die »Tafelrunde« von Camelot wurde dank des moralischen Fundaments, das der herausragende Druide Myrddin ihr gegeben hatte, nicht von Kriegern gebildet, die lediglich auf Gewalt setzten, sondern es waren letztlich kämpfende Philosophen, die einem sehr viel höheren Ziel als der bloßen Eroberung verpflichtet waren: nämlich der Wiederherstellung der alten keltischen Föderation mit ihrem vielfältigen geistigen Reichtum und – daraus resultierend – ihrer unbedingten Toleranz.

Hätte Merlin seine in einem sehr langen Lernprozeß erworbene Weisheit mit Hilfe Arthurs auf Dauer umzusetzen vermocht, wäre mit Sicherheit eine ganze Reihe schrecklicher Katastrophen vermieden worden. Das Mittelalter hätte dann nicht finster sein müssen; es wäre weder zu christlichen Zwangsmissionierungen, Kreuzzügen und Religionskriegen gekommen, noch zu Judenpogromen oder Hexen- und Ketzerverfolgungen. Eine liberale abendländische Föderation nach dem Vorbild des La-Tène wäre fähig gewesen, nach der Entdeckung Amerikas in freundschaftlichen Austausch mit den dortigen Völkern zu treten; ebenso hätten Afrika und Asien niemals die Geißel des europäischen Kolonialismus, der wiederum negativer Ausfluß imperialistischen und religiös bedingten intoleranten Denkens war, kennengelernt. Hätte im Abendland der druidische Gedanke des »Runden Tisches« weitergelebt, wären schließlich auch die Weltkriege des zwanzigsten Jahrhunderts unmöglich gewesen, und vermutlich hätte eine geeinte Menschheit bereits lange vor dieser Zeit den Weg ins All gefunden, um ihren Lernprozeß von dort aus noch rascher fortzusetzen.

✧✧✧

Leider jedoch ging die britannische Föderation, die Myrddin und Arthur geschaffen hatten, schon sehr bald wieder unter; bereits ungefähr ein Menschenalter nach dem Tod des *Rhiotam* mußten jene geschwächten Stämme, die das Banner des Roten Drachen jetzt noch hochhielten, sich in ihre letzten Refugien nach Cornwall und Cymru zurückziehen. Aber selbst dies taten sie quasi noch immer unter dem Schutz des großen Druiden Merlin, denn er, der in Dinas Emrys sowohl den glanzvollen Aufstieg Arthurs als auch dessen scheinbares Scheitern vorhergesehen hatte, trug dafür Sorge, daß der Traum von Camelot dennoch weiterlebte. Zwar war das, was der *Rhiotam* aufgerichtet hatte, auf spektakuläre Weise wieder zusammengebrochen; trotzdem hatte Arthur durch seinen beinahe übermenschlichen Kampf ein Zeichen gesetzt, das die Menschen noch viele Jahrhunderte später nicht würden übersehen können – und dies war vielleicht sogar der tiefste Sinn jenes finalen keltischen Aufbäumens zwischen Spätantike und Frühmittelalter.

Myrddin, der Visionär, hatte schließlich gewußt, daß das reale Camelot sich nicht auf Dauer gegen seine übermächtigen Feinde würde behaupten können. Damit jedoch der Traum weiterleben konnte, hatte es trotzdem geschaffen werden müssen, denn erst seine tatsächliche Existenz machte die zukünftige Wirksamkeit der mit Camelot verknüpften Idee möglich. Dieser Denkansatz mag auf den ersten Blick zynisch erscheinen, denn so wäre das Reich Arthurs letztlich nichts weiter als Mittel zum Zweck gewesen. Bedenkt man aber, daß nicht nur der *Rhiotam*, sondern auch die Frauen an seiner Seite wie Gwynhwyfara oder Morgana sowie seine Gefährten und Krieger von der großen Idee erfüllt waren und mit ihrem ganzen Willen hinter ihr standen, dann gewinnt ihr Kampf heroischen Charakter. Außerdem waren diese Menschen mit Leib und Seele Kelten, die dank der druidischen Lehre um die Vielschichtigkeit der Welt wußten; denen also klar war, daß ihr mögliches Scheitern in der Realität noch lange nicht ihren Untergang auch in der Anderswelt bedeuten mußte.

So betrachtet, gewinnt ihre von Merlin gelenkte Handlungsweise quasi eine zusätzliche Dimension, und der Tod Arthurs bedeutete gleichzeitig Leben des britannischen Keltentums auf einer höheren Ebene – sofern Myrddin und andere *Große Wissende*, die mit ihm waren, beziehungsweise nach ihm kommen sollten, imstande sein würden, die Substanz von Camelot in die Zukunft zu tragen. Und genau dies geschah, nachdem die letzte große Zivilisation der Kelten von ihren ungleich primitiveren Feinden zerschlagen worden war. Im Kessel Ceridwens wandelte das historische Camelot sich in seinen feinstofflicheren und deshalb unzerstörbaren Traum um – und damit war die unsterbliche Dichtung um Arthur und seine »Tafelrunde« geboren. Schöpfer dieser durchaus magischen Legende waren aber wiederum Druiden gewesen: neben Merlin vor allem der *Pennbardd* Taliesin, dem wir nicht zufällig das einzigartige Lied von Seelenwanderung und Wiedergeburt verdanken.

Wer immer behauptet, Literatur sei Selbstzweck und besitze keine konkreten Auswirkungen auf das Denken und Handeln der menschlichen Gesellschaft, wird durch den grandiosen Effekt widerlegt, den die genannten »Sagen« während der vielen Jahrhunderte nach dem Untergang Camelots hervorriefen. Denn von Säkulum zu Säkulum erhielten sie die Sehnsucht nach einer gerechten und humanen Welt am Leben, und dieser Traum war – weil die Menschen sich an das reale Königtum Arthurs erinnern konnten – keineswegs nur unerreichbare Utopie. Er blieb vielmehr bis in die Moderne herauf die faszinierendste Verheißung, die das Abendland je kannte, denn er stand und steht zusätzlich im

Einklang mit jenen unveräußerlichen Werten, welche die Götter in die Seele jedes Individuums gesät haben – und deshalb konnte die Substanz der Arthur-Dichtung selbst durch vielfache Verfälschungen und Sinnentstellungen nicht zerstört werden.

Das unvergleichliche poetische Werk, das Myrddin, Taliesin und andere Druiden oder Barden nach ihnen schufen und in dem vieles von der Lehre der *Großen Wissenden* auf ausgesprochen griffige Weise dargestellt wurde, damit es im Denken und in den Herzen der Menschen weiterleben konnte, wurde in seinem innersten Kern so stark angelegt, daß seine Aussage bis heute klar durch Dutzende von Übertünchungen leuchtet. Man muß sich nur die Mühe machen, nach seiner wahren Substanz zu suchen, dann läßt sich die Spreu sehr leicht vom Weizen trennen. Die lächerliche Geschichte etwa, wonach Merlin der Sohn des Teufels und einer Jungfrau gewesen sei und als Sühne für seine »anrüchige« Abstammung für das Kreuz gekämpft habe, kann dann aufgrund der darin enthaltenen theologischen Versatzstücke, die im heidnischen Camelot ohne jede Bedeutung gewesen wären, sehr leicht als christliche Propaganda entlarvt werden.

Ähnliches gilt für Arthur, der eben alles andere als ein katholischer Herrscher war, so wie gewisse mittelalterliche Mönche ihn darstellten. Auch Gwynhwyfara wird bei genauerer Betrachtung wieder als gleichberechtigte keltische Königin und nicht als »ruchlose Ehebrecherin« kenntlich. Ebenso wurde versucht, das wahre Antlitz von Morgana zu verschleiern, die den Priestern vielleicht noch unheimlicher war als die emanzipierte Gwynhwyfara und aus diesem Grunde als »böse Magierin« verleumdet wurde, während es sich bei ihr in Wahrheit um eine sehr positiv agierende *Dru Wid* aus Avalon handelte, deren Name nicht zufällig an die

Göttin Morrigane erinnert. Weiter wurde im »Gral« keineswegs Christi Blut aufgefangen; er besaß auch nicht die Form eines juwelenbesetzten Pokals, wie christliche Autoren glauben machen wollten, sondern es handelt sich – bis heute – bei diesem »Gefäß« um den Kessel des Lebens und der ewigen Umwandlung.

Schließlich war es keineswegs so, daß Myrddin von einer »tückischen Zauberin« in den Wald von Broceliande gebannt wurde. Vielmehr ging er gerade mit Hilfe dieser geheimnisvollen Frau, die ebenso wie er eine *Große Wissende* war, in die Anderswelt ein, und damit kommen wir nun zur letzten großen Tat Merlins, durch die er wahrlich den Gipfelpunkt seines druidischen Könnens erreichte.

Unweit der *Ynys Avallach* soll der Wald von Broséliâwnd gelegen haben; manche Autoren, die über Myrddins »Ende« schrieben, haben den sagenumwobenen Forst aber auch in der Bretagne angesiedelt. Einig ist sich die mittelalterliche Fama jedoch darin, daß sich Merlin im Dunkel des Waldes von Broceliande rettungslos in die Netze einer blutjungen Schönheit namens Niniane (manchmal auch Nimue oder Viviane genannt) verstrickte.

Diese angeblich von Morgana in den »teuflischen Künsten« geschulte »Magierin« soll Myrddin zunächst unsterbliche Liebe vorgegaukelt und ihn mit einem verzauberten Ring, der einzig an seinen Finger paßte, an sich gefesselt haben. Nachdem Merlin ihr völlig hörig gewesen sei, habe Niniane von ihm verlangt, ihr seine tiefsten Geheimnisse zu offenbaren. Ihr alternder Liebhaber, der sie um keinen Preis verlieren wollte, sei schließlich schwach geworden und habe sie eingeweiht. Als er kurz darauf vom Schlaf überwältigt worden sei, habe Niniane ihr Wissen auf tückische Weise genutzt, um ihn in eine Weißdornhecke zu bannen, aus der ihm keine Befreiung mehr möglich gewesen sei. Später habe der Forst von Broséliâwnd diese Hecke noch zusätzlich überwuchert, so daß heute kein Mensch mehr wisse, wo Myrddin in alle Ewigkeit gefangen sei.

So in etwa läuft die Linie der christlich geprägten Literatur über den »Tod« des großen britannischen Druiden; lediglich im einen oder anderen Detail unterscheiden sich die verschiedenen Versionen. Bei allen aber ist die Tendenz klar: Merlin gerät in die Fänge einer verführerischen Frau und bezahlt dafür bitter; das Motiv – so wir Myrddin und Niniane gegen Adam und Eva austauschen – ist in seiner frauenfeindlichen Tendenz bereits in der sogenannten Schöpfungsgeschichte der Bibel vorgegeben. Allein von daher kann ausgeschlossen werden, daß die mittelalterlichen Autoren, die zum größten Teil Kleriker waren, in ihren Geschichten keltisches Denken transportierten. Es ging ihnen, ganz im Gegenteil, darum, den ursprünglichen Sinngehalt der Bardendichtung um Myrddin zu verfälschen, weil sie nämlich deren heidnische Ausstrahlungskraft fürchteten.

Moderne Poeten hingegen, wie zum Beispiel der britische Lyriker Gwynn Jones (1871 – 1949), kamen der Wahrheit wieder näher, wie einige Zeilen aus dem Gedicht »Broséliâwnd« dieses Autors zeigen:

> *Und der Magier ging in solche Verzauberung ein,*
> *›Broséliâwnd‹, so vernahm er gleichmäßiges Raunen,*
> *und unterm Blätterdach, in so still harrender Bläue,*
> *spähte aus webenden Ritzen das tiefe Geheimnis*
> *verzückender, versöhnender und immerwährender Ruhe.*
> *Broséliâwnd, dort war einzig kristallklare Reinheit,*
> *webte die Schönheit ewig jungen, friedvollen Wissens ...*

Gwynn Jones – wohl nicht zufällig trug er einen kimmrischen Vornamen – erahnte etwas vom Geist jener verborgenen Welt, die Merlin betrat; noch deutlicher als er wurde die deutsche Erzählerin Maria Christiane Benning (1923 – 1957), als sie folgende Zeilen schrieb:

›*Es ist nicht schwer zu warten in Avalun*‹, *sagte Nimue.*
 ›*Ich will warten*‹, *sagte Merlin, und legte sich auf das steinerne Lager.*
 Kaum aber hatte er sich niedergelassen, da war er schon in einen tiefen Schlaf versunken.
 Und Nimue ging hinaus und schritt durch den langen Gang zurück und verschloß den Eingang mit einem großen Stein (…).
 Rückblickend gewahrte sie mit Genugtuung, daß die magische Weißdornhecke, die das Tor war zu der Zauberstätte, sich in keiner Weise von jener anderen unterschied, und Merlins Felsengrab lag unter unscheinbaren großen Steinen. Es befanden sich aber viele von der gleichen Art in dieser Gegend …

Hier handeln Myrddin und Niniane in vollem Einverständnis, und damit hat die Autorin des zwanzigsten Jahrhunderts eine entscheidende Aussage der ursprünglichen keltischen Überlieferung erkannt. Denn im sechsten Jahrhundert, zu dessen Beginn Merlin vermutlich aus der Diesseitswelt verschwand, schilderten die Barden, die um das damit verbundene Mysterium wußten, mitnichten eine schlüpfrige Intrige mit »okkultem« Hintergrund. Vielmehr ging es sehr konkret um das Begräbnis des *Großen Wissenden*, welcher der geistige Führer Arthurs gewesen war, sowie zusätzlich den spirituellen Hintergrund dieser Beisetzung, aufgrund deren Besonderheit der körperlich tote *Dru Wid* dennoch gegenwärtig bleiben sollte. Und gerade unter dem letztgenannten Aspekt spielte Niniane – höchstwahrscheinlich aber nicht nur sie allein, sondern noch weitere Frauen – eine außergewöhnlich wichtige Rolle. Sie nämlich waren besser als andere imstande, Myrddin ins Netz des unzerstörbaren andersweltlichen Lebens einzuweben, weil sie dank ihrer weiblichen Natur dem ewig gebärenden Geist der Großen Göttin am nächsten standen.

Wenn wir uns jetzt das Szenario von Merlins außergewöhnlicher Bestattung vor Augen zu führen versuchen, dann ist es bestimmt nicht falsch, uns an das zu erinnern, was im vorangegangenen Kapitel über die Sakralschächte in den kontinentalen Keltenschanzen gesagt wurde. In diesen »Erdmutterschößen« wurden Druiden zusammen mit einem Baum begraben, damit ihr vergänglicher Leib sich in die Pflanze umwandeln sollte und sie auf diese Weise in anderer körperlicher Form weiterleben konnten. Ganz ähnlich verhielt es sich aber nun, als Niniane, die in Wahrheit selbst eine *Dru Wid* war, den »schlafenden«, also toten Myrddin mit dem in der »Sage« auftauchenden Weißdorn verband.

Ganz real »verknüpfte« sie die Wurzeln dieser Pflanze mit jener »Höhle«, in welche der Verstorbene bereits gebettet worden war: dem Schoß der Erde oder eben der Dreifachen Göttin. Auf diese Weise wurde der große Druide einerseits dem immerwährend fruchtbaren »Muttermund« Ceridwens anvertraut, andererseits wies Niniane seinem Geist aber auch den Weg, wie er sich – aus der Anderswelt zurückkehrend und sich neu materialisierend – in eine »beschützte« Form des diesseitigen Daseins umwandeln konnte. Denn im Strauch, dann in der Weißdornhecke und schließlich in den aus ihrem Humus aufwachsenden Bäumen von Broceliande würde die Wesenheit Merlins für die Feinde des Keltentums nicht länger faßbar sein; die Eingeweihten hingegen würden sie auch in Zukunft im sanften Raunen und Rauschen der Pflanzen erspüren können.

Sehr bewußt also – damit er seinem und anderen Völkern über viele Jahrhunderte hinweg gegenwärtig bleiben sollte – lenkte Niniane die verwandelte Existenz Myrddins auf eine Ebene, die sich aufgrund ihres reichhaltigen Erneuerungspotentials zeitlich sehr weit erstreckte. Damit wurde zusätzlich erreicht, daß Merlin in seiner verborgenen Gestalt auch dann noch im Forst von Broceliande leben würde, wenn am Ende der langen, finsteren Epoche, die nach dem Zusammenbrechen des »Runden Tisches« von Camelot jetzt zu erwarten war, die Wiedergeburt des Keltentums erfolgen sollte.

Der *Große Wissende*, der gleichberechtigt an der Seite Arthurs gekämpft hatte, würde damit die jahrtausendelange Regenerationsphase der keltischen Welt quasi beobachtend und mental befruchtend überbrücken können. Zuletzt, wenn im Übergang vom Sternzeichen der »Fische« zu dem des »Wassermannes« die Zeit erfüllt wäre, um unter einem »erneuerten« Himmel an das europäische La-Tène, das im Wechsel vom »Widder« zu den »Fischen« geendet hatte, anzuknüpfen, würde auch Merlin zurückkehren. Abermals würde er sich dann in menschlicher Gestalt manifestieren und zum geistigen Führer jener künftigen Kelten werden, die neuerlich den »Sonnengürtel« über das Abendland zu flechten versuchten.

Diese positive Entwicklung im Wald von Broséliâwnd in die Wege zu leiten, war die unendlich liebevolle und weise Tat der Druidin Niniane sowie ihrer Gefährtinnen – aber die moderne Autorin Maria Christiane Benning, die mit erstaunlicher Intuition wieder im Sinne des *Pennbardd* Taliesin schrieb, spricht nicht nur diesen Aspekt an, sondern bringt ein weiteres hoffnungsvolles Bild, das nicht weniger im Einklang mit dem Denken der heidnischen Britannier des sechsten Jahrhunderts steht. Denn sie erwähnt zusätzlich die »unscheinbaren großen Steine«, die in der Nähe von Myrddins Grab aufgestellt worden seien, und erklärt außerdem, es gebe viele gleichartige in der fraglichen »Gegend«, womit sie zweifellos recht hat.

Die Felsen sind unschwer als unbehauene – also nicht mit christlichen Kreuzen versehene – Menhire zu erkennen, und jeder von ihnen kennzeichnet die Grabstätte weiterer Druiden oder Barden, die ähnlich wie Merlin und Taliesin im Bewußtsein von Seelenwanderung und Wiedergeburt beigesetzt wurden. Das ganze Mittelalter hindurch und ebenso in der Neuzeit wurden an abgelegenen Orten vor allem Britanniens noch immer die »Standing Stones« in die Erde gesenkt und daneben Bäume gepflanzt, um das Wesen keltisch denkender Menschen zu bewahren. Denn im Untergrund wirkten die nun verfolgten *Dru Wid* und die keltischer Tradition verpflichteten Dichter, die jetzt oft an ihre Stelle getreten waren, nach wie vor; sie waren es, welche die »Sagen« um Arthur und seine Gefährten von Generation zu Generation weitergaben und deshalb gerade von der unterdrückten Bevölkerung geliebt wurden, auch wenn sie nach außen hin arm waren und in Lumpen gingen.

Um so heller strahlte jedoch ihr Geist, und dafür waren die einfachen Menschen in Cymru, Cornwall, Schottland, Irland oder der Bretagne ihnen dankbar und ehrten sie auf ihre Weise. So wurde das Netz der Menhire und der an solchen Plätzen »behütet« lebenden keltischen Seelen geknüpft; scheinbar kaum mehr verständlichem Brauchtum folgend, in Wahrheit jedoch im tiefen Wissen um die Wiederkunft Arthurs und Myrddins. In den Steinen und Pflanzen, oft in der Nähe von Quellen oder Teichen, erwarten damit zahlreiche »Tote« jene Zeit, in der sie zurückkehren werden, um das Keltentum zu erneuern – und die Heimkehr in die heidnische Welt wird möglich werden, weil dank jahrtausendealten druidischen Wissens ihr Bewußtsein am Leben blieb; jener Geist, der zudem von unsterblicher Bardendichtung bewahrt wurde.

Gemeinsam webten Merlin, Taliesin, Niniane, Morgana und zahllose andere, deren Namen nicht überliefert wurden, an diesem andersweltlichen Netz, in dessen Schutz der *Celtic Spirit* nicht nur zu überleben vermochte, sondern – den unumstößlichen Gesetzen der Natur folgend, in der nach der Lehre der *Großen Wissenden* nichts so bleibt, wie es ist – möglicherweise schon in naher Zukunft wieder aufblühen wird.

In Dinas Emrys, wo der halbwüchsige Merlin einst seine große Prophezeiung vom Kampf des Roten gegen den Weißen Drachen abgab und den endgültigen Sieg des Keltentums nach langen Jahrhunderten der Finsternis vorhersagte, könnte dann, die uralten Ringwälle berührend, ein Druidenhain des neuen Jahrtausends entstehen, und wiederum würden erweckte Menschen den Worten eines *Dru Wid* lauschen, der Myrddin war, Merlin ist und abermals Myrddin sein wird. Der Hain aber läge damit vielleicht gar nicht weit entfernt von jener Insel, wo der Druide des *Rhiotam* vor langer Zeit mit dem Erdmutterschoß und dem Weißdorn verschmolz.

Auf der Insel Bardsey am Ende der mit Steinsetzungen reich gesegneten Lleyn-Halbinsel in Nordwales nämlich, deren älterer Name Ynys Enlli lautet, soll sich – umringt und beschützt von den Begräbnisstätten weiterer zwanzigtausend Barden und *Dru Wid* – das Grab Merlins befinden. Der Wald von Broséliâwnd wäre dann in den dichten Forsten an den tieferliegenden Hängen der nahen Snowdonia-Berge zu suchen, wohin die Vögel vor langer Zeit den Samen der von Niniane gepflanzten »magischen« Hecke trugen.

Ebenso aber überlebte der Geist des keltischen Heidentums und damit Myrddins auch in der Bretagne und sogar in mitteleuropäischen Wäldern, wie wir im folgenden Kapitel sehen werden.

VII

Das schöne Antlitz der Hagazussa

Die Scheiterhaufen brannten im Sommer 1703 auf dem weitläufigen Anger vor dem Schloß Fürsteneck im Bayerischen Wald. Auf Betreiben des Passauer Fürstbischofs Johann Philipp von Lamberg waren die Bäuerin Maria Kölbl und die Magd Afra Dickh aus dem Dorf Ringelai der Hexerei angeklagt worden. Jetzt, da die beiden Frauen ihren schrecklichen Tod erlitten, tobten die vielen tausend Schaulustigen in widernatürlicher Hysterie. Von den Priestern aufgestachelt, waren sie felsenfest von der Schuld der vorgeblichen Teufelsbuhlinnen überzeugt. In ihrer Verblendung glaubten sie daran, daß die Verurteilten Schadenzauber an Mensch und Tier getrieben, Feuersbrünste entfacht und außerdem einen satanischen Drachen in das Tal von Ringelai gelockt hätten. Ferner, so brüllten die verhetzten Menschen sich wieder und wieder zu, seien die verfluchten Kebsen des Leibhaftigen nächtens durch die Lüfte zum Tanzplatz der Unholden geritten und hätten sich dazu in gotteslästerlicher Weise der Schwarzen Salbe bedient.

In meinem 1997 erschienenen Tatsachenroman »Der Hexenstein« habe ich das scheußliche Verbrechen, das an Maria Kölbl und Afra Dickh verübt wurde, aufzuarbeiten versucht. Zudem richteten Freunde im Hotel Groß in Ringelai (der Ort liegt im niederbayerischen Landkreis Freyung-Grafenau) ein kleines Museum ein, in dem unter anderem Nachbildungen der 1703 benutzten Folterinstrumente sowie Faksimiles der Rechnung des fürstbischöflichen Scharfrichters und der Prozeßprotokolle gezeigt werden. Wie nicht anders zu erwarten, entpuppten sich diese Protokolle im Zuge der Recherchen zu meinem Buch als obskurantistische Machwerke übelster Art. Die Anschuldigungen gegen die beiden Frauen waren völlig aus der Luft gegriffen und spiegelten lediglich den kirchlicherseits über Jahrhunderte hinweg gezüchteten Aberglauben wider. Nur in zwei

Punkten beruhte die Anklage des Inquisitors auf realen, wenn auch völlig mißverstandenen Fakten. Dort nämlich, wo es um den »Hexentanzplatz« und die tatsächlich in den Kammern der Hingerichteten aufgefundene Schwarze Salbe ging.

Natürlich hatte beides nicht das geringste mit irgendwelchen »höllischen Mächten« zu tun, wie sie allein in der Phantasie psychopathischer Kleriker existieren. Vielmehr führte die nähere Beschäftigung mit der Kräutermixtur und dem Ort, wo Afra, Maria und vielleicht weitere Eingeweihte einst ihre Rituale vollzogen, zu der hochinteressanten Erkenntnis, daß die auf dem Scheiterhaufen ermordeten Frauen offenbar noch im frühen 18. Jahrhundert um Dinge gewußt hatten, wie sie auch den Druiden der vorchristlichen Zeit bekannt gewesen waren. Anders ausgedrückt: Es lebten in jenem abgelegenen Tal des Bayerischen Waldes nach wie vor heidnisch denkende und handelnde Menschen – und dies wird wohl auch der tiefste Grund gewesen sein, warum die katholische Kirche, die keinen anderen Glauben neben dem ihren dulden wollte, so brutal vorging. Das Andersartige sollte ausgerottet werden, auch wenn der Inquisitor mit Sicherheit überhaupt nicht imstande war, sich in die Welt von Afra Dickh und Maria Kölbl hineinzuversetzen.

Dabei wäre dies – geistige Freiheit und das nötige Hintergrundwissen vorausgesetzt – gar nicht so schwer gewesen, wie das folgende Beispiel beweist. Während ich über die Hexenverfolgung von Ringelai recherchierte, machten mich ortsansässige Bekannte auf eine Bergkuppe aufmerksam, die wahrscheinlich einer der besonderen Treffpunkte der verfolgten Frauen gewesen war. Als Norbert, Paul und ich oben anlangten, fielen mir sofort die vielen Steine auf, die das Plateau des Hügels in mehr oder weniger regelmäßiger Anordnung umringen. Ebenso stach ein größerer Monolith mit einem in die Oberfläche »eingefressenen« Kreuz ins Auge, der sich ziemlich genau im Zentrum der Kuppe befindet und an dessen nördlicher und südlicher Flanke jeweils so etwas wie ein Sitz kenntlich ist. Das gesamte Ensemble erweckte in mir den Eindruck, als sei es künstlich errichtet worden, und als ich das gegenüber meinen Freunden äußerte, stimmten sie mir zu und erklärten, genau deswegen hätten sie mich hergebracht.

Wir untersuchten den Platz nun sorgfältiger und erkannten, daß mehrere Steinsetzungen tief im Humus begraben liegen, andere von Baumwurzeln überwuchert oder umgestürzt worden sind. Unter Berücksichtigung dieser Veränderungen schien sich das Bild eines Kreises aus allerdings nicht sonderlich großen Menhiren immer deutlicher herauszukristallisieren, und dann fanden wir innerhalb des umfassenden Ringes noch einen zweiten, bedeutend kleineren, der sich im Schutz einer Baumgruppe verbirgt und völlig unzerstört ist. Uns fiel auf, daß die Pflanzen an dieser Stelle besonders üppig wachsen, während rund um den Zentralstein kaum ein Grashalm gedeiht. Schließlich entdeckten wir auch noch mehrere in Doppelreihen aufgestellte Menhire, die offenbar den nördlichen und südlichen Zugang zu dieser rätselhaften Anlage markieren. Zuletzt stellten wir zudem fest, daß der sehr alte Hohlweg, der auf die Bergkuppe führt, nicht den natürlichen Gegebenheiten des Geländes folgt, sondern den Hügel vom Tal bis zum Gipfel über mehrere schmale Terrassen spiralig umkreist.

All dies zusammengenommen, läßt eigentlich nur einen einzigen Schluß zu: Bei dem Terrain, auf dem sich vor dreihundert Jahren vermutlich die »Hexen« von Ringelai trafen, handelt es sich um eine uralte Kultstätte, deren Ursprung in heidnische Zeiten zurückreichen muß. Möglicherweise kamen schon während des Neolithikums die in der Umgebung siedelnden Ackerbauern auf dem »Schlangenweg« hier herauf, um der Großen Göttin zu begegnen; vielleicht setzten die Riten aber auch erst während der Bronze- oder Keltenzeit ein. Und zumindest die Erinnerung daran war nachweislich noch im Mittelalter lebendig, denn die damalige Form des Ortsnamens Ringelai lautete »Ring Loab«, und das bedeutet im Mittelhochdeutschen sehr bezeichnend »Ring des Brotes«. Im Steinkreis über dem Dorf, das in einer erst relativ spät christianisierten Gegend liegt, fanden also wohl über Jahrtausende hinweg heidnische Rituale statt, die dem Tal Fruchtbarkeit schenken sollten, damit die Felder reichlich Nahrung hervorbringen konnten. Und auch in späteren Epochen, als überall im Bayerischen Wald bereits Kirchen standen, wird das pagane Wissen wohl noch vorhanden gewesen sein; nur versammelten sich die Menschen, die nach wie vor um die außergewöhnlichen Kräfte des Platzes wußten, jetzt heimlich.

Damit aber ist die Verbindung zu den »Hexen« hergestellt, die im Jahr 1703 einen so schrecklichen Tod erlitten. Afra Dickh und Maria Kölbl nutzten offenbar die besondere Ausstrahlung des von den Menhiren markierten Areals und wurden unter anderem deshalb als »Teufelsbuhlinnen« verbrannt. In Wahrheit machten sie sich natürlich keineswegs irgendwelcher böser Handlungen schuldig, sondern suchten im Zirkel der Steinsetzungen dasselbe wie zahllose heidnische Inspirierte lange vor ihnen – und beschritten damit letztlich die gleichen Pfade wie die Druiden.

Welch spezielle Erfahrungen die beiden Frauen auf der geheimnisvollen Hügelkuppe gemacht haben könnten, wurde meinen Freunden und mir klar, als wir nach der ersten Erkundung des Ortes mehrere Begehungen in Begleitung verschiedener Wünschelrutengängerinnen unternahmen.

Unabhängig voneinander erklärte jede der Radiästhetinnen uns in etwa das Folgende: Der Berggipfel bei Ringelai sei von einem außerordentlich starken Netz von »Wasseradern« durchzogen. Die noch an Ort und Stelle befindlichen Menhire hätten den Zweck, jene Punkte zu markieren, wo diese elektromagnetischen Kraftlinien in den Bereich des Gipfelplateaus einträten. Exakt unter dem Zentralstein der Anlage würden sich die am intensivsten wirkenden Energieströme rechtwinklig schneiden, und das Kraftfeld dort pulse dermaßen intensiv, daß der Fels entlang der Strahlungsbahnen schneller als gewöhnlich verwittert sei, weshalb sich im Lauf der Jahrtausende das tief »eingefressene« Kreuz herausgebildet habe.

In der Nähe dieses Steins, so die Wünschelrutengängerinnen weiter, müsse man sich sehr vorsichtig verhalten, denn er könne gefährliche psychische und physische Reaktionen hervorrufen. Dies gelte vor allem für sensible Menschen, die dort unversehens »leergesaugt« werden könnten, so daß etwa das Risiko von Kreislaufzusammenbrüchen oder auch epileptischen Anfällen bestehe. Freilich könnten Eingeweihte, welche die hier wirkenden Energieströme zu steuern wüßten, die Stelle sehr wohl mit Gewinn nutzen; aus diesem Grund seien sicherlich auch die Sitze an den Flanken des Granitblocks eingemeißelt worden. Was wiederum den kleinen Steinkreis am Rand des großen angehe, so sei dieser quasi positiv »aufgeladen«; wer sich dort aufhalte, werde mit der Erdkraft »erfüllt« und gewinne gefahrlos frische Lebensenergie. Schon der üppige Pflanzenwuchs an dieser Stelle zeige das an, während beim zentralen Menhir so gut wie keine Flora gedeihen könne.

Zusammengenommen besagen diese Informationen, daß es sich bei der uralten Anlage von Ringelai um ein perfekt funktionierendes und in sich geschlossenes »System« handelt, das sowohl auf physikalischer als auch spiritueller Ebene »arbeitet«. Die vorchristlichen Schamanen und später die Druiden, welche das erkannt hatten, führten deswegen genau hier jene Fruchtbarkeitsrituale durch, die dem Ort seinen Namen als »Ring des Brotes« gaben. Die *Großen Wissenden* brachten die Menschen des Tales in mentalen Einklang mit der »tieferen Natur« der Gegend, und aufgrund dieser sozusagen seelischen Symbiose vermochten die Bauern besonders reiche Ernten zu erzielen, ohne dadurch jedoch die mütterliche Erde zu überfordern oder gar zu vergewaltigen.

Darüber hinaus erfüllte der Platz aber sicherlich noch andere Zwecke. Die beiden in die Flanken des »Altarfelsens« gemeißelten Sitze etwa lassen vermuten, daß dort einst neolithische oder bronzezeitliche »Pythien« weissagten, aus denen in der keltischen Epoche die im Rang von *Dru Wid* stehenden *Vates* wurden. Dank der Energieströme, die sich unter dem Stein kreuzen und deren Wirkung oben beschrieben wurde, verfielen diese Propheten wohl in Trance und waren so imstande, in die Zukunft zu blicken. Ebenso diente der Steinkreis wahrscheinlich der sensitiven Bewußtseinserweiterung von Druiden, wenn sie hier meditierten; die in ihre Psyche »hineinstrahlende« Erdkraft unterstützte ihr intuitives Denken und ließ ihren Geist damit freier entlang der fünfdimensional verflochtenen Pfade des Pentagramms schweifen. Schließlich darf auch die medizinische Bedeutung der Anlage nicht vergessen werden. Es ist keineswegs auszuschließen, daß die »erschütternde« Macht des Zentralfelsens und die »harmonisierende« Aura des kleinen Steinkreises psychotherapeutisch genutzt wurden; der zweite, am Rand des Ensembles liegende Pol könnte zusätzlich der körperlichen Rekonvaleszenz von Kranken gedient haben.

Zumindest einige dieser verschiedenen Möglichkeiten der seit Urzeiten heiligen Stätte waren wohl auch Maria Kölbl und Afra Dickh bekannt. Und wenn wir uns nun wieder an die Schwarze Salbe erinnern, die in den Kammern der beiden Frauen gefunden wurde, dann ergibt sich auch von daher eine Verbindung zum Steinkreis auf der Hügelkuppe im Wald. Der Kraftort diente ja seit eh und je unter anderem der Bewußtseinserweiterung – und dieselbe Eigenschaft besitzt die Pflanzenmixtur, die unter der Bezeichnung »Hexensalbe« immer wieder in den Protokollen der Inquisition auftaucht. Die durch Tierfett und Ruß gebundene Paste wurde im wesentlichen aus Bilsenkraut, Fliegenpilz, Eisenhut, Tollkirsche, Stechapfel, Schierling, Pappellaub und eventuell Spänen der Mandragorawurzel oder Alraune hergestellt, wobei Dosierung und Mischung der Ingredienzen sehr genau auf den körperlichen und psychischen Zustand eines Menschen, der mit ihrer Hilfe »fliegen« wollte, abgestimmt werden mußten.

Nachdem die Schwarze Salbe zubereitet worden war, bestrichen die »Hexen« mit ihr bestimmte Körperteile. Wollten sie beispielsweise eine intensivere Wahrnehmungsfähigkeit, auch im metaphysischen Bereich, erzielen, so wurde die Paste auf die Schläfen aufgetragen. In Verbindung mit einer Meditation unterstützte die pflanzliche Droge sodann die Ausweitung des Denkens und Empfindens auf eine höhere Bewußtseinsebene – und es ging dabei zweifellos um nichts anderes als ein mentales Eindringen in jene Dimension, die von den Kelten als Anderswelt bezeichnet wurde. Das »Fliegen« war also in Wahrheit eine Befreiung von den »Fesseln« des dreidimensionalen Kontinuums. Die Aura, die unsichtbar jeden menschlichen Körper umgibt, wurde sozusagen stärker als gewöhnlich aktiviert, und damit war dieser »Astralleib« nicht nur real erfahrbar, sondern über sein konkretes Erspüren wurde zusätzlich die Verbindung zur umfassenden Feinstofflichkeit der Anderswelt hergestellt, in welche die »Hexe« nun »hineinschwebte«.

Derartige »Ausfahrten« konnten prinzipiell an jedem beliebigen Ort stattfinden; günstiger war es aber natürlich, wenn zur Wirkung der Schwarzen Salbe die Ausstrahlung einer besonderen Lokation – wie eben in unserem Fall des Steinkreises bei Ringelai – hinzukam. Genau aus diesem Grund suchten die Eingeweihten solche »Hexentanzplätze« auf und brachten sich dort zunächst durch Umschreitungen des paganen Heiligtums oder rituelle Tänze in innigen Kontakt mit den Erdkräften. Sobald diese »Macht« sie erfüllte, vertieften sie die Initiation mit Hilfe der Kräutermixtur und erreichten so leichter als anderswo die Bewußtseinserweiterung, die sie anstrebten. Die Vorgehensweise war dabei naturgemäß um das Jahr 1700 exakt die gleiche wie zur Zeit der Kelten, denn selbstverständlich konnten die Methoden, die zu dieser speziellen Art der Erkenntnis führten, nicht willkürlich verändert werden. Im Umkehrschluß aber heißt das: Afra Dickh und Maria Kölbl wußten um uralte heidnische Praktiken und bewahrten damit bis herauf in die frühe Neuzeit druidische Überlieferungen.

Dies bedeutet freilich nicht, daß die *Großen Wissenden* generell Drogen benutzten; was jedoch die *Vates* angeht, könnten diese keltischen Hellseher sich durchaus ähnlich inspiriert haben wie die griechischen Pythien, die durch das Einatmen gewisser Dämpfe in Trance gefallen sein sollen. Im Grunde aber ist diese Frage zweitrangig, denn viel mehr fasziniert die Einsicht, daß eben die Tradition der *Dru Wid* offenbar noch Jahrtausende nach dem La-Tène überall dort in Europa gehütet wurde, wo »Hexen« auftraten. Ausgerechnet diese Frauen (und gelegentlich auch Männer), die von den christlichen Kirchen dermaßen verteufelt und millionenfach ermordet wurden, erwarben sich also das unschätzbare Verdienst, zumindest Teile des antiken spirituellen Erbes des Abendlandes gerettet zu haben.

Betrachten wir nun die Herkunft des Wortes »Hexe« genauer, dann ergibt sich daraus sofort ein weiterer Hinweis auf das sehr hohe geistige Niveau der so bezeichneten Menschen. Denn ursprünglich, als deren für die Gemeinschaft wertvolles Tun noch begriffen wurde und sie deshalb hoch angesehen waren, wurden diese Eingeweihten als *Hagazussa* bezeichnet, was »Zaunreiter« bedeutet. Die germanischen und mittelalterlichen »Nachfahren« der Druiden wurden so genannt, weil sie imstande waren, sich auf der Grenze zwischen Diesseits- und Anderswelt zu bewegen oder sie sogar zu überschreiten; sie »betraten« also ganz wie die *Dru Wid* zeitweise das vierdimensionale Kontinuum. Aufgrund der dort gewonnenen tiefen Einsichten war es ihnen möglich, ihren Mitmenschen in vielfältiger Weise Gutes zu tun. Die Palette reichte von Schwangerenbetreuung und Geburtshilfe über Kräuterheilkunde, Psychotherapie und Seelsorge bis hin zur Präkognition – und zu welchen Leistungen die in heidnischer Tradition stehenden »Wanderer zwischen den Welten« fähig waren, zeigt das Leben eines in Bayern bis heute legendären Mannes, der etwa zwei Generationen nach den *Hagazussa* von Ringelai geboren wurde und nur wenige Wegstunden von diesem Dorf entfernt auf einem ebenfalls heiligen Berg zu meditieren pflegte.

Sein Name lautete Matthäus Lang; besser bekannt ist er allerdings als Bayerwaldprophet Mühlhiasl. 1753 kam er in einer zum Kloster Windberg (Landkreis Straubing-Bogen) gehörenden Mühle zur Welt, 1809 starb er im Weiler Rabenstein bei Zwiesel im Landkreis Regen als armer Köhler und Waldhirte. In seiner zweiten Lebenshälfte gab er eine Fülle von Prophezeiungen ab, die über das 19. und 20. Jahrhundert weit ins dritte Jahrtausend hineinreichen und von denen inzwischen eine ganze Reihe beweisbar eingetroffen ist. So sagte der Mühlhiasl etwa voraus, daß auf dem Zwieseler Kirchturm ungefähr drei Menschenalter nach seinem eigenen Tod Bäume wachsen würden, und wenn sie so lang geworden seien wie eine Fahnenstange, dann würde das »Erste Weltabräumen« stattfinden. Tatsächlich wurden im Sommer 1914 über der Brüstung des Turmumganges die Kronen mehrerer junger Birken sichtbar, die dort unbemerkt aus angeflogenem Samen hochgeschossen waren – und wenige Wochen später brach der Erste Weltkrieg aus.

Ebenso präzise gab der Bayerwaldprophet die Zeit von Hitlers »Machtergreifung« an und nannte die Vorzeichen, die auf den Beginn des Zweiten Weltkrieges hindeuten würden; ein »Drittes Weltabräumen« steht nach den vielfach überlieferten Worten des Mühlhiasl noch aus. Sollte auch diese Prophezeiung eintreffen, dann müßte die Menschheit nicht nur mit einem Nuklearkrieg, sondern auch mit einer damit verbundenen fürchterlichen Umweltkatastrophe rechnen. Nach dem globalen Fiasko, so der Visionär weiter, werde in Mitteleuropa ein subtropisches Klima herrschen, und die Überlebenden müßten wieder so vegetieren wie die Bauern und Hirten des 18. Jahrhunderts.

In meinem Sachbuch »Der Mühlhiasl – Seine Prophezeiungen. Sein Wissen um Erdstrahlen, Kraftplätze und Heilige Orte. Sein verborgenes Leben« habe ich mich eingehend mit Matthäus Lang beschäftigt. Hier als Fazit nur soviel: Ebenso wie die *Hagazussa*, die noch in der frühen Neuzeit in abgelegenen Gegenden Süddeutschlands und anderswo existierten und heidnisches Wissen bewahrten, war auch der Mühlhiasl ein »Nachfahr« der Druiden. Eingeweiht in die uralten paranormalen und metaphysischen Praktiken, ging er noch vor kaum zweihundert Jahren den Weg eines *Vates*.

Der persönliche Kraftort, den er nutzte, war der Berg Rabenstein (heute Hennenkobel), der über dem gleichnamigen Dorf Rabenstein bei Zwiesel aufragt und der in keltischer Zeit wegen seiner besonderen geologischen Struktur sakrale Bedeutung hatte. Damit läßt sich aber nun ein weiteres Mal das historisch gesicherte Leben eines Menschen aus dem Bayerischen Wald mit der Tradition der *Großen Wissenden* verknüpfen, und es wird noch deutlicher, daß druidische Weisheit auch nach dem äußerlichen Untergang des Keltentums über Jahrtausende hinweg bewahrt wurde.

Entweder im Untergrund oder unter dem Schutzmantel einer Tätigkeit, die von den Priestern nicht immer als heidnisch erkannt und damit attackiert werden konnte, trugen *Hagazussa*, zu denen sowohl die beiden als »Hexen« verbrannten Frauen von Ringelai als in seiner speziellen geistigen Ausrichtung durchaus auch der Mühlhiasl zu zählen sind, das uralte Wissen von Säkulum zu Säkulum weiter. Nach wie vor überschritten diese naturwissenschaftlich, spirituell und sensitiv geschulten Außenseiter der längst christlichen Gesellschaft die Grenzen zwischen Diesseits- und Anderswelt. Ebenso wirkten sie zum Wohl ihrer Mitmenschen, wobei der Bogen sich von der Heilkunst bis hin zur prophetischen Warnung vor sozialen und politischen Fehlentwicklungen wie im Fall des Matthäus Lang spannte.

Geht man den vielfach noch greifbaren und teilweise sogar recht gut dokumentierten Spuren solcher »Sonderlinge« der frühen Neuzeit nach, dann treten die Konturen der vorchristlichen Druiden wiederum ein Stück schärfer aus dem nur scheinbar undurchdringlichen Dunkel der heidnischen Epoche Mitteleuropas. In einer zurückgezogen im Wald hausenden Frau, die während bestimmter Mondphasen ihre Kräuter pflückte, um daraus Arzneien für die Bewohner des nächstes Dorfes, vielleicht aber auch die bewußtseinserweiternde Schwarze Salbe für sich selbst herzustellen, erkennen wir eine heilkundige *Dru Wid*, wie sie ganz ähnlich vor zweieinhalbtausend Jahren in ihrem Hain gelebt haben könnte. Ein Zukunftsseher wie der Mühlhiasl wäre in einer Ringwallanlage des La-Tène vermutlich engster Berater des dortigen Fürsten gewesen, und wenn er damals von drohender Kriegsgefahr oder Umweltzerstörung gesprochen hätte, dann wären seine Warnungen sehr ernst genommen worden.

Ähnliches gilt für den nach außen hin so armselig und verschroben wirkenden Bauernknecht Wenzel aus der nördlichen Oberpfalz, den der heute in Berlin lebende Schriftsteller und Dramatiker Werner Fritsch in seinem Buch »Cherubim« zu Wort kommen ließ. Dieser Landarbeiter, dessen Familie wohl seit zahllosen Generationen im Böhmerwald ansässig war, »spintisierte« unter anderem darüber, daß die Welt einst aus einem »Urloch« entstanden und das allererste Leben von den »Urmüttern« gekommen sei, was einige Literaturkritiker zu ziemlich hämischen Kommentaren veranlaßte. Andere lobten das Buch zwar, sahen jedoch in Wenzel nichts weiter als ein faszinierendes Kuriosum, während der alte Knecht in Wahrheit uraltes Wissen bewahrt hatte. Mit dem »Urloch« nämlich sprach er den kosmischen Kessel der Umwandlung an, und in den »Urmüttern«, die am Anfang gestanden hätten, sind unschwer sowohl die Große Göttin als auch das neolithische Matriarchat zu erkennen. Damit aber gab Wenzel zumindest Reste druidischer Erkenntnisse wieder, und wenn er imstande war, solche Dinge noch am Ende des zweiten Jahrtausend zu formulieren, dann wäre er möglicherweise zur Keltenzeit selbst ein *Dru Wid* gewesen.

Falls andererseits seine Äußerungen im 17. Jahrhundert publik geworden wären, hätte man ihn womöglich ebenso wie Afra Dickh und Maria Kölbl auf dem Scheiterhaufen verbrannt. Denn obwohl Wissen und Können der »überlebenden« Druiden des Mittelalters und der frühen Neuzeit so außerordentlich wertvoll für das Abendland gewesen wären, wurden diese Frauen und Männer von den Anhängern der jetzt etablierten Religion rücksichtslos verfolgt. Schon im 13. Jahrhundert hatte es im »Heiligen Römischen Reich Deutscher Nation«, dessen auf das erste europäische Imperium bezogener Name gleichzeitig verderbliches Programm war, organisierte Hexenjagden gegeben. Im Auftrag des Papstes zog der Inquisitor Konrad von Marburg vor allem durch die deutschen Städte und Dörfer und ließ Hunderte von unschuldigen Menschen liquidieren, ehe er am 30. Juli 1233 gelyncht wurde – was immerhin beweist, daß sich damals wenigstens noch Teile der Bevölkerung gegen das Unrecht aufzulehnen vermochten.

Während der folgenden Jahrhunderte freilich war so gut wie kein ernsthafter Widerstand mehr möglich. Nachdem 1487 der mit päpstlicher Imprimatur versehene »Hexenhammer« erschienen war, als dessen Autoren die beiden Dominikaner Heinrich Institoris und Jakob Sprenger verantwortlich zeichneten, ging die Inquisition ähnlich methodisch und bürokratisch gegen *Baculariae* (Besenreiterinnen), *Herbariae* (Kräuterfrauen) oder *Sortiariae* (Hellseher) vor wie am Ende des Jahrtausends die Gestapo gegen die Juden. Auch wenn die katholische Kirche die Zahl der Opfer heute herunterzuspielen versucht, sind objektiv arbeitende Historiker sich darüber einig, daß es sich um mehrere Millionen handelte. Die Hexenfeuer erloschen endgültig erst um 1800, als die Aufklärung sich allmählich gegen den priesterlichen Obskurantismus durchsetzte. Geblieben jedoch ist bis in unsere Tage die Verteufelung heidnischen Denkens durch das römische Papsttum und den von ihm gesteuerten Klerus. Noch im April 1998 verlautbarte der Vatikan in seiner unsäglichen Erklärung »Eine Reflexion über die Shoah«, daß »neues Heidentum« die Schuld am Holocaust getragen habe – obwohl Hitler zeitlebens Katholik war, niemals exkommuniziert wurde und seinen judenhasserischen Wahn aus einschlägigen Publikationen katholischer Organisationen gesaugt hatte.

Stets, auch dies ist historische Wahrheit, sah die christliche Theologie im Heidentum auf zwanghafte Art das »Satanische« und »abgrundtief Böse«, während andererseits die Anhänger der alten Götter tolerant gegenüber der neuen Religion gewesen waren. Die angesichts dieser Tatsache eigentlich nicht nachvollziehbaren Beweggründe für den Haß der Priester des Kreuzes sind aber leicht zu enttarnen, wenn man sich das tiefste Wesen der von ihnen proklamierten Weltanschauung vor Augen führt. Zum einen wird rigoroser Eingottglaube vertreten, zum anderen ist die christliche Theologie rein patriarchal ausgerichtet, was in beiden Fällen eklatant mit Metaphysik und Gesellschaftsordnung des vorchristlichen Europa kollidiert.

Dessen Wurzeln waren ja, wie wir wissen, matriarchal, woraus sich die im Keltentum praktizierte völlige Gleichberechtigung der Geschlechter entwickelte. Außerdem hatten die Druiden eine Kosmologie definiert, die im religiösen Bereich von einem sehr facettenreichen Polytheismus getragen wird, der sich aber gleichzeitig wieder zu einem allumfassenden Pantheismus zusammenfügt. Die christlichen Theologen mit ihrer ungleich begrenzteren Weltsicht konnten nun aber weder die ganze Fülle des Göttlichen innerhalb des heidnischen »Pantheons« noch die hohe Wertschätzung des Weiblichen wirklich nachvollziehen. Eines war ihnen freilich sehr klar bewußt: Beides durfte um gar keinen Preis geduldet werden, weil – so die Menschen nach wie vor frei hätten entscheiden können – dadurch letztlich die eigene, geistig ärmere Religion durch das bessere »Funktionieren« der tradierten Weltanschauung widerlegt worden wäre.

Trotz der ersten Euphorie, mit der das frühe Christentum von einigen unterdrückten mediterranen Völkern angenommen wurde, die unter dem tyrannischen römischen Gottkaisertum gelitten hatten, wäre es auf Dauer in einer fairen geistigen und sozialen Auseinandersetzung vor allem mit der druidischen Lehre nicht überlebensfähig gewesen. Sein patriarchaler Irrweg hätte gegenüber dem frauenfreundlichen Denken der *Dru Wid* nicht zu bestehen vermocht; ebenso hätte sich die metaphysische Kraft der keltischen Götter schon bald wieder gegenüber dem Gekreuzigten durchgesetzt. Und aus diesem Grund blieb dem Christentum nur die eine Chance, die es dann auch nutzte: Sich mit der römischen Staatsmacht zu verbünden und seine Religion damit innerhalb des Imperiums ab dem vierten Jahrhundert per Dekret und Zwang zu verbreiten.

In der Folge traten an die Stelle der römischen Cäsaren die mittelalterlichen Kaiser, mit denen das Papsttum – auch wenn es gelegentlich Machtkämpfe gab – nun paktierte. Es ist dies die Zeit, da es im heutigen Norddeutschland zu jahrzehntelangen Angriffskriegen gegen die Sachsen kam, die schließlich im Massaker von Verden an der Aller gipfelten, wo Karl »der Große« Tausende von gefangenen Heiden abschlachten ließ. Seine Nachfolger scheuten nicht davor zurück, im Zuge der katholischen Zwangsmissionierung Osteuropas eine ganze Reihe von Völkermorden zu begehen; die überlebenden Slawen wurden unter Verballhornung ihres Namens als Sklaven in den Kernländern des christlichen Imperiums verkauft. Nachdem die »Religion der Nächstenliebe« auf diese Weise im ganzen Abendland verbreitet worden war, gingen die Priester und bald die Inquisitoren ab

Avebury Rings in Britannien.

Silbury Hill, ein riesiger, mehrere tausend Jahre alter künstlicher »Mound« nahe der Avebury Rings.

»Bedd Taliesin«, das Steinkammergrab des Barden Taliesin in Wales.

Küste bei Tintagel, Cornwall. Rechts im Bild »Merlins Höhle«, wo der Druide der Legende nach zeitweise gelebt haben soll.

Cadbury, Somerset: Die keltische Ringwallanlage die als Camelot identifiziert wurde. Links im Bild der innerste, höchste Erdwall, rechts am Bildrand der »surrealistische« Baum, der den Platz markiert, wo nach einer Intuition des Autors Merlins Meditationsplatz in Camelot war.

Bardsey Island (Ynys Enlli), an einem völlig klaren Tag fotografiert.

Queens Island. Das Foto entstand gleichzeitig mit dem von Bardsey Island. Die Entfernung vom Festland zu Queens Island ist sogar größer, trotzdem ist diese Insel im Gegensatz zu Bardsey »normal« auf dem Bild sichtbar.

Moderne keltische »Baumplastiken« des walisischen Künstlers Michael Euryd Clement.

Rekonstruiertes Keltendorf »Castell Henllys« nahe Cardigan, Südwales.

Das Pentagramm lebt! Heidnische moderne Einritzung auf dem Altarstein einer Kirchenruine in Irland.

dem 13. Jahrhundert ähnlich hemmungslos gegen die letzten, ohnehin schon im verborgenen lebenden Heiden im Inneren vor – und die finstere Epoche der Hexenverfolgungen sollte ein halbes Millennium währen.

Verzweifelt kämpften die *Hagazussa* darum, daß der Geist der alten, humaneren Welt wenigstens in ihren Refugien bewahrt werden konnte: in den Waldhütten der Kräuterfrauen; auf einem einsamen Berggipfel, wo ein »überlebender« *Vates*, der nach außen hin Hirte und Köhler war, ein paar anderen einfachen Menschen von seinen Visionen erzählte. Und dieser gewaltfreie Widerstand, dem die Einsicht zugrunde lag, daß weiches Wasser zuletzt den harten Stein brechen könne, führte letztlich zum Erfolg. Weil die mitteleuropäischen Erben der Druiden, ähnlich wie die britischen Barden nach dem Untergang Camelots, keltisches Wissen und von daher auch den keltischen Traum nicht untergehen ließen, begann sich schließlich die kranke Seele Europas allmählich zu regenerieren.

Die Rückbesinnung freidenkerischer Intellektueller auf die Welt der Antike vor allem in ihrer griechischen Ausprägung verband sich im Zeitalter der Renaissance mit der Lehre von der Gleichwertigkeit allen Seins, welche die *Hagazussa* über ein ganzes dunkles Jahrtausend hinweggerettet hatten. Aus dieser doppelten Wurzel entstand der Humanismus, der in seinem Wesen erneut das urkeltische Prinzip des Miteinander beinhaltete, und wiederum aus dieser Philosophie blühten sodann die Werte von Freiheit, Gleichheit und Brüderlichkeit auf, welche letztlich die modernen demokratischen Gesellschaften ermöglichten. Zwar mußten die Menschenrechtserklärungen und Verfassungen noch einmal gegen den wütenden Widerstand des ihnen feindlichen imperialistischen Prinzips durchgesetzt werden, das von Cäsar und nach ihm von den römischen Kaisern und Päpsten ausgeboren worden war – und das sich in seinem hoffentlich finalen Aufbäumen im Machtwahn und Holocaust des Hitlerfaschismus manifestierte. Doch am Ende des »Fische«-Zeitalters sieht es ganz so aus, als könne es gelingen, den »Sonnengürtel«, der schon einmal von den Druiden über das Abendland gelegt wurde, in vielleicht noch umfassenderer Schönheit von neuem zu flechten.

Wenn dies aber im Zeichen des »Wassermannes« möglich wird, dann ist es – neben anderen Eingeweihten, von denen im nächsten Kapitel die Rede sein soll – zu einem großen Teil jenen Menschen zu verdanken, welche die Lehre der *Großen Wissenden* trotz grausamster Verfolgungen bewahrten: den *Hagazussa*. Über viele Jahrhunderte hinweg waren sie einer der letzten »Anker« der kulturell und zivilisatorisch so hoch stehenden heidnisch-keltischen Antike in einer zutiefst abgestürzten römisch-christlichen Welt. Heute wird das allmählich begriffen; damit kommt hinter der Dämonenmaske, welche die Inquisition ihnen überzustreifen versuchte, wieder ihr wahres Antlitz zum Vorschein – und es ist freundlich, warmherzig und schön.

VIII

Die Bestiensäule und der Mönch

In der Krypta des Domes von Freising nahe der bayerischen Hauptstadt München befindet sich ein etwa tausend Jahre alter romanischer Pilaster, der als »Bestiensäule« bekannt ist und den Kunsthistorikern bis heute große Rätsel aufgibt. Niemand konnte die Metaphorik der in den Stein gemeißelten Figuren bisher schlüssig interpretieren; gesichert ist nur, daß der Bildhauer, der das phantastische Kunstwerk im unverwechselbaren keltischen Stil schuf, ein iro-schottischer Mönch jener Epoche war, als die Päpste ihre absolute Herrschaft über die römisch-katholische Kirche durchsetzten.

Wir wollen nun den Versuch machen, die verborgene Botschaft des von einem christlichen (?) Kelten gestalteten Pilasters zu erkennen; jener geheimnisvollen Steinplastik, die folgendermaßen aussieht: Die Reliefs an der vierkantigen Säule zeigen vier Drachen (von denen die Stele ihren Namen bekommen hat) und vier sie bekriegende Schwertkämpfer, wobei die Recken jeweils einander gegenüber im Nordosten und Südwesten, beziehungsweise im Nordwesten und Südosten stehen, also nicht die in katholischen Kirchen stets bestimmenden Kreuzachsen besetzen, die den Himmelsrichtungen Ost-West und Nord-Süd folgen. Hinzu kommen oben vier weitere Gestalten: zwei Adler, eine Seherin mit einer lotosartigen Blume in der Hand sowie ein Hund.

Wir haben also insgesamt zwölf Figuren, doch diese Zahl weist keineswegs auf das Dutzend der Apostel in den Evangelien hin, was man in einer christlichen Kirche zunächst vermuten würde, sondern vielmehr auf den Gott Taranis, der das Siderische Jahr mit seinen zwölf Tierkreiszeichen symbolisiert. Dies ergibt sich eindeutig aus der weiteren Interpretation der Figurengruppen auf der Basis der in ihr enthaltenen Zahlensymbolik. Es finden sich nämlich dreimal je vier zusammengehörige Gestalten: die vier Kämpfer, die vier Drachen und schließlich die vier menschlichen, beziehungsweise tierischen Geschöpfe darüber. Das aber ist neuerlich bezeichnend für keltisches Denken, denn die Drei bezeichnet hier stets einen abgeschlossenen Zyklus – den der Ceridwen –, der in diesem Fall wiederum mit dem Siderischen Jahr gleichzusetzen ist, und die Vier steht quasi für die jahreszeitliche Unterteilung eines solchen »Götterjahres«; ebenso aber symbolisiert sie »Frühling«, »Sommer«, »Herbst« und »Winter« jedes einzelnen der zwölf im Siderischen Jahr enthaltenen Sternbilder.

Die Summe der Drei und der Vier ergibt die Sieben, die aber wiederum nicht im christlichen Sinn als Zahl der sieben Sakramente gesehen werden darf, denn zur Zeit, als das Bildwerk entstand, kannte die katholische Kirche im Gegensatz zu heute beispielsweise das Ehesakrament nicht. Die Sieben muß also im Fall der »Bestiensäule« eine andere Bedeutung haben, und wenn wir nun den Zyklus der zwölf Tierkreiszeichen durchzählen, dann kommen wir darauf: Das siebte Sternzeichen innerhalb des Siderischen Jahres ist das der »Fische«, so daß sich infolgedessen die in den Figuren des Bildwerkes verborgene Aussage auch auf dieses astronomische Zeitalter beziehen muß – und zwar, wegen der Vier, von seiner »Geburt« im »Frühling« bis hin zu seinem »Tod« im »Winter«.

Die gesamten zweitausend Jahre dieser historischen Epoche hindurch, die mit dem Untergang des Keltentums, beziehungsweise dem Aufkommen des Christentums begann und mit Einsetzen des »Wassermann«-Zeitalters, das wir gegenwärtig erleben, endet, stehen sich nun auf dem Pilaster im Freisinger Dom keltische Schwertkämpfer und Ungeheuer gegenüber. Deren Metaphorik wiederum ist ohne weiteres zu entschlüsseln, wenn wir uns an die Merlin-Prophezeiung von Dinas Emrys erinnern: Der Gegner eines Kriegers, der seine Waffe im druidischen Geist führt, kann stets nur der Weiße Drache sein; der Schwertkämpfer selbst streitet damit für den Roten Drachen: für die von Myrddin vorhergesagte Wiedergeburt des keltischen Heidentums.

Betrachten wir jetzt die vier bewaffneten Männer und deren grauenhafte Widersacher sowie die Position der vier Kampfpaare auf der »Bestiensäule« genauer, dann stellt sich heraus, daß der iro-schottische Bildhauer sie nicht nur in nordwestlich-südöstlicher und nordöstlich-südwestlicher Himmelsrichtung angeordnet, sondern sie zudem unterschiedlich ausgeführt hat. Die Recken im Nordwesten und Südosten sind größer und kräftiger als die beiden anderen dargestellt. Diese Himmelsrichtungen dominieren also, was zusätzlich dadurch unterstrichen wird, daß ihnen außerdem die dem Himmel verbundenen Adler sowie der erdverhaftete Hund zugeordnet sind – womit die bevorzugten Recken gleichermaßen aus der Kraft des Kosmos und des Erdmutterschoßes schöpfen können.

Entsprechend spielt sich nun auch der Kampf zwischen den Kriegern und den Drachen ab. Während die Fechter im Südwesten und Nordosten offensichtlich kaum eine Chance gegen die sie bedrohenden Bestien haben, schlagen sich die beiden anderen Recken mit wilder Entschlossenheit. Mehr noch: Derjenige im Nordwesten ist soeben dabei, dem Untier, das ihn geifernd bedrängt, den Todesstoß zu versetzen; freilich schafft er es nur, weil der südöstliche Krieger ihm zu Hilfe kommt. Mit dem bespornten Fuß nagelt dieser Kämpfer seinen Drachen an die Erde und umklammert gleichzeitig den schuppigen Leib der nordwestlichen Bestie – so daß der dort stehende Recke dem Untier das vierkantige Schwert von schräg oben ins Herz zu stoßen vermag.

Die östlich über den Kriegern schwebende Seherin wiederum hält ihre lotosartige Blume in Richtung Westen und scheint damit den Sieger zu segnen. Weil sie die Pflanze dabei mit der linken, also »südöstlichen« Hand hält, öffnen sich die Blütenblätter spiegelbildlich exakt zum nordwestlichen Schwertmann hin. Und dieses Bild nun, in dem wir hinter dem Antlitz der Hellseherin keine andere Göttin als die neues Leben spendende Ceridwen erkennen, schließt den Kreis der in der gesamten Szenerie enthaltenen Symbolik, die zusammenfassend so entschlüsselt werden kann:

Zweitausend Jahre lang, vom Beginn bis zum Ende des Tierkreiszeichens der »Fische«, führt das Keltentum einen verzweifelten Kampf gegen den Weißen Drachen, der für das römische Imperium und die dem Heidentum gegenüber so intolerante römische Religion, aber auch das menschenverachtende Machtdenken insgesamt steht. In der ersten »Jahreszeit« des Sternzeichens, die analog zum täglichen Sonnenlauf dem Nordosten entspricht, ist die Welt der Druiden schwach, denn die römischen Legionen haben die keltischen Völker fast schon ausgerottet. Im anbrechenden »Sommer«, also dem Südosten, erstarkt es noch einmal; hier hat der Bildhauer zeitlich den strahlenden Aufstieg Arthurs symbolisiert. Im »Herbst« schließlich, der historisch die Epoche vom 11. bis zum 16. Jahrhundert umfaßt, leiden die europäischen Heiden erneut schrecklich, weshalb der hier angesiedelte Schwertkämpfer kaum sein Leben gegen die Bestie behaupten kann. Zuletzt aber, am »Winterende« des zweitausendjährigen Zyklus, das dem Übergang von den »Fischen« zum »Wassermann« entspricht, bringt der nordwestliche Krieger den Todesstoß ins Herz des Weißen Drachen an und schenkt damit dem Abendland die Chance für einen Neuanfang unter dem jetzt am Firmament aufsteigenden Sternzeichen.

Die Himmelsrichtungen haben jedoch nicht nur »jahreszeitliche« Bedeutung innerhalb des zwei Millennien umfassenden Tierkreiszeichens, sondern können – da die »Bestiensäule« in dieser Hinsicht »doppelbödig« angelegt ist – zusätzlich geographisch interpretiert werden. Der siegreiche Schwertkämpfer steht im Nordwesten Europas, wo bekanntlich in der Bretagne, Cornwall, Wales, Irland und Schottland fünf (!) kleine keltische Nationen überlebt haben. Freilich schafft er den Sieg nicht allein; er wird bei seiner entscheidenden Attacke auf den Weißen Drachen vom südosteuropäischen Recken unterstützt – und auf diese Weise hat der iro-schottische Mönch, der den Pilaster im Freisinger Dom schuf, quasi zusätzlich noch das Symbol des uralten keltischen »Sonnengürtels« über sein visionäres Kunstwerk gelegt. Die damit verbundene Aussage ist klar: Das Ungeheuer, welches das Abendland über Jahrtausende hinweg würgte, wird dann überwunden werden, wenn Europa im Geist der antiken druidischen Föderation wiedervereinigt ist und die Menschen an seinen äußersten Polen, ebenso wie einst die Britannier und Galater, sich in diesem Bewußtsein erneut die Hände reichen.

Wenn wir uns jetzt noch einmal vor Augen führen, wann die »Bestiensäule« gemeißelt wurde – nämlich im 11. Jahrhundert und damit im finstersten, geistig zutiefst dumpfen Mittelalter –, und wenn wir außerdem bedenken, wie frappierend sich die in den Steinplastiken niedergelegten Prophezeiungen im Millennium darauf bereits weitgehend erfüllt haben, dann kann es hinsichtlich der Person des iro-schottischen »Mönches«, der im wahrsten Sinne des Wortes ein Zeichen im Herzen des Abendlandes setzte, nur eine Erklärung geben: Es muß sich auch bei ihm um einen »überlebenden« *Großen Wissenden* gehandelt haben, der zu seinem eigenen Schutz in die Kutte geschlüpft war und ein nur vordergründig christliches Kunstwerk mit ungleich tieferer Bedeutung hinterließ.

Die frommen Besucher des Freisinger Domes konnten die Figuren auf dem Bildwerk schlicht als Kampf des Christentums gegen Satan interpretieren; einzelne heimlich heidnisch gebliebene Eingeweihte jedoch, welche sich auf die uralte Symbolsprache und deren Details verstanden, erkannten darin all die Jahrhunderte hindurch die Ermutigung durch einen Gleichgesinnten und schöpften aus seiner Botschaft neue Kraft für ihren eigenen Kampf, den sie nun schon so lange führten. Ebenso wie im Bereich der Poesie, wo der keltische Traum durch die »Sagen« um Arthur von Generation zu Generation weitergegeben wurde, hielten also auch Bildende Künstler ihn ganz im Sinn der Druiden am Leben. Der Freisinger Pilaster ist längst nicht das einzige Beispiel dafür; ganz ähnlich verhält es sich mit dem Portal der Schottenkirche in Regensburg, und wer mit offenen Augen durch Europa reist, wird zahlreiche weitere derartige Botschaften getarnter *Dru Wid* finden.

Sehr wertvolle geistige Signale wurden jedoch gelegentlich auch auf anderer Ebene übermittelt, und damit kommen wir nun zu einem Heros der abendländischen Philosophie, der zum Dank für seine einzigartige Leistung in Rom auf dem Scheiterhaufen verbrannt wurde – zuvor jedoch hatte er wesentliche Teile der druidischen Kosmologie wiederentdeckt und öffentlich verbreitet.

In der kleinen Stadt Nola bei Neapel wurde Giordano Bruno 1548 geboren. Mit siebzehn Jahren trat er als Novize in den Dominikanerorden ein und wurde 1572 zum Priester geweiht. Bis 1575 studierte er an der Universität von Neapel und kam dort – das beschränkte Denken der katholischen Scholastik, die im Prinzip nichts weiter als das dumpfe

»Nachbeten« von Dogmen war, hinter sich lassend – mit den naturphilosophischen Schriften des Aristoteles, Hesiod, Thales von Milet sowie arabischer und jüdischer Denker in Berührung. Die Folge war, daß der junge Kleriker sich von der christlichen Vorstellung eines persönlichen Gottes, der »Himmel und Erde erschaffen« und einen Sohn gezeugt habe, damit dieser durch seine Hinrichtung am Kreuz die Welt »erlöse«, abwandte. Ebenso sagte sich Giordano vom Madonnenkult und der Heiligenverehrung los, und diese »gotteslästerlichen« Überzeugungen trugen ihm 1576 eine Anklage wegen Ketzerei ein.

Der jetzt achtundzwanzigjährige Dominikaner drohte in den Folterkellern seines eigenen Ordens, der zu jener Zeit das wichtigste Organ der Inquisition war, zu verschwinden. Durch eine spektakuläre Flucht aus dem Kloster San Domenico Maggiore in Neapel rettete er sein Leben, während bereits eine 130 Punkte umfassende Anklageschrift gegen ihn ausgearbeitet wurde. Zunächst tauchte der entsprungene Mönch quasi in der »Höhle des Löwen«, in Rom, unter; im Lauf der folgenden Jahre lehrte er als Privatdozent an verschiedenen liberalen norditalienischen Universitäten und hielt dort Vorlesungen über die damals revolutionäre kopernikanische Astronomie. Toulouse, wo Giordano vorübergehend einen Lehrstuhl für Philosophie innehatte, und Paris waren die nächsten Stationen.

Ab 1583 wirkte Bruno als Dozent und Schriftsteller in London, wo der Katholizismus unter der »ketzerischen« Königin Elisabeth I., einer Tochter Heinrichs VIII., keinerlei Einfluß mehr besaß. Hochinteressant ist in diesem Zusammenhang die Tatsache, daß die englische Königin, die Giordano Bruno förderte, aus dem Hause Tudor stammte, welches nordwalisische Geschlecht ursprünglich den kimmrischen Namen Tudur getragen und in seinem Banner bis herauf ins Spätmittelalter den Roten Drachen geführt hatte, da der Stammbaum der Tudors bis zu Uther Pendragon zurückreichte.

1584 und 1585 erschienen in der Themsestadt Brunos Schriften zur Kosmologie, Moralphilosophie und Erkenntnistheorie, mit denen er europaweites Aufsehen erregte, weil sie das christliche Denken mit seinem geozentrischen Weltbild und dem Postulat eines Schöpfergottes grundlegend erschütterten. Die geistig freien Intellektuellen des ausgehenden 16. Jahrhunderts, vor allem die nicht länger religiös orientierten Humanisten etwa in der Tradition eines Ulrich von Hutten, waren begeistert; gleichzeitig aber liefen die Kirchengläubigen, leider auch in England, gegen den Autor Sturm.

Nach einer kurzen Zwischenstation in Paris flüchtete Giordano Bruno deshalb weiter ins protestantische Deutschland, lehrte in Wittenberg und Helmstedt und weilte zwischendurch sechs Monate in Prag, wo der als »Magier« und »Alchimist« verrufene Kaiser Rudolf II. kurzfristig die Hand über ihn hielt. 1590 schließlich ließ sich der Italiener in Frankfurt am Main nieder, das zu jener Zeit das Zentrum des europäischen Verlagswesens war; Bruno wollte dort offenbar eine Gesamtausgabe seiner Schriften vorbereiten. Als ihm jedoch der Frankfurter Buchhändler Ciotto eine Einladung des venezianischen Adligen Giovanni Mocenigo übergab, der ihm einen Lehrauftrag in der Lagunenstadt versprach, reiste der Philosoph im Sommer 1591 über die Alpen – und geriet damit endgültig in die Klauen der Inquisition.

In der Nacht vom 22. auf den 23. Mai 1592 ließ Mocenigo die zweifellos von langer Hand vorbereitete Falle zuschnappen. Giordano Bruno wurde in ein Kellerverlies des Palastes gesperrt; schon am folgenden Tag beschuldigte der

Adlige, der scheinbar als dessen Mäzen aufgetreten war, den Gelehrten gegenüber dem päpstlichen Inquisitor von Venedig der Ketzerei. Am 24. Mai wurde Bruno in den berüchtigten Bleikammern inhaftiert, und dort sah sich der Philosoph, bald auch auf der Folter, den Verhören durch die Dominikaner unter anderem wegen »Gotteslästerung« ausgesetzt. Ziel der Torturen, die sich bis zum Februar 1593 hinzogen, war es zunächst, Giordano Bruno zum Widerruf seiner Lehre zu bewegen. Er blieb jedoch standhaft, weshalb man ihn schließlich nach Rom überstellte und ihn dort in den Verliesen des »Heiligen Offiziums« auf der Engelsburg einkerkerte.

Volle sieben Jahre dauerte der Inquisitionsprozeß gegen den »Fürsten der Ketzer«, wie das Tribunal ihn bezeichnete; wiederum mußte der Philosoph vielfach die Qualen der Folter ertragen. Im Mittelpunkt des Verfahrens standen, ebenso wie in Venedig, seine Zurückweisung des christlichen Gottesbegriffes und Schöpfungsdogmas sowie die von ihm entwickelte revolutionäre Kosmologie, auf die wir noch ausführlich zu sprechen kommen werden. Am 14. Januar 1599 wurde Giordano Bruno unter Androhung der Todesstrafe letztmals aufgefordert, sich von seiner »Irrlehre« abzuwenden. Als er sich auch jetzt noch weigerte, verurteilte die Inquisition ihn zum Scheiterhaufen und übergab ihn – weil die Kirche selbst bekanntlich niemals Blut zu vergießen pflegte – der weltlichen Gewalt in Gestalt des Gouverneurs von Rom.

Als dem Philosophen am 8. Februar 1600 der Spruch des »Heiligen Offiziums« offiziell verkündet wurde, schleuderte er den Inquisitoren und den sie begleitenden römischen Kardinälen entgegen: »Mit größerer Furcht verkündet ihr vielleicht das Urteil gegen mich, als ich es entgegennehme!« Neun Tage später, am 17. Februar 1600, wurde Giordano

Bruno auf dem Campo dei Fiori in Rom an den Brandpfahl gekettet. Eine unübersehbare Menschenmenge, darunter der gesamte Klerus der Stadt, füllte den Platz, und dann, als der Henker die Fackel in den Scheiterhaufen stieß, kam das begeisterte Aufbrüllen des Pöbels. Ein Priester reckte dem Philosophen noch ein Kruzifix entgegen; Giordano Bruno jedoch wandte verächtlich das Gesicht ab – und starb damit als einer, der konsequent bis zuletzt ins Heidentum heimgekehrt war.

Der bestialische Mord, der sich in jenem Spätwinter 1600 auf dem Campo dei Fiori ereignete, stellt einen fürchterlichen Anschlag der römisch-katholischen Kirche auf die positive geistige Entwicklung Europas und anderer Kontinente dar. Denn Giordano Bruno war das größte Genie, das dem Abendland während der eineinhalb Jahrtausende zwischen dem Untergang Camelots und dem Auftreten Albert Einsteins geschenkt wurde. Bei wesentlichen Teilen seiner Kosmologie nämlich handelt es sich um eine frühneuzeitliche Wiederentdeckung der antiken druidischen Lehre, und die abendländische Geschichte ab dem 17. Jahrhundert wäre mit Sicherheit weniger katastrophal verlaufen, wenn den Menschen Gelegenheit gegeben worden wäre, die Botschaft des neoheidnischen Italieners zu verinnerlichen und in die Praxis umzusetzen.

So schrieb Giordano Bruno beispielsweise in seinem Dialog *»Die Vertreibung der triumphierenden Bestie«* die folgenden Sätze: *»Der Anfang, die Mitte und das Ende, die Geburt, das Wachstum und die Vollendung von allem, was wir sehen, geht von Gegensätzen durch Gegensätze zu Gegensätzen, und wo Gegensatz ist, da ist auch Wirkung und Rückwirkung, da ist Bewegung, ist*

Verschiedenheit, ist Mannigfaltigkeit, ist Ordnung, Stufenfolge und Fortschritt. Deshalb wird niemand, der dies wohl beherzigt, jemals wegen seines gegenwärtigen Zustandes und Verhaltens einerseits den Mut sinken lassen oder andererseits übermütig werden, wie sehr ihm auch im Vergleich zu anderen Verhältnissen und Schicksalen die seinigen gut oder böse, besser oder schlechter vorkommen. Nur deshalb bin auch ich selber mit meinem göttlichen Ideal, der Wahrheit, die so lange Zeit schon flüchtig ist, geächtet, verfolgt, unterdrückt und entstellt wird, fest überzeugt, daß gerade dieses nach Anordnung des Schicksals zu achten ist als ein Anfang meiner Rückkehr und mir Offenbarung, Erhöhung und Würdigung, die sogar um so größer sein wird, je stärker die früheren Gegensätze gewesen sind, bringen wird.«

Der Philosoph des 16. Jahrhunderts drückt damit nichts anderes als die druidische Lehre von der ewigen Umwandlung allen Seins aus, und wenn er von der Wirkung und Rückwirkung der (scheinbaren) Gegensätze spricht, dann ist damit ohne Zweifel das Beltane-und-Samhain-Prinzip gemeint. Aus der immerwährenden Veränderung oder eben Erkenntnis zahlreicher Aspekte des allumfassenden Lebens heraus, so wie Taliesin es in seinem großen Gedicht darstellte, erfolgt der geistige Aufstieg aller Individuen. Der Mensch ist gehalten, dieses kosmische Gesetz anzunehmen, wenn er seine wahre Bestimmung begreifen will; ein »Wandernder« soll dabei weder kriecherisch noch überheblich sein, sondern unbeirrt vorwärts gehen. Schließlich weist Giordano auch noch auf die Wiederkunft dessen hin, was er mit seinen Worten als »göttliches Ideal der Wahrheit« bezeichnet. Gerade weil die Unterdrückung dieses alten Wissens so brutal war, wird es um so strahlender von neuem erscheinen – und dies wiederum deckt sich mit der Prophezeiung Merlins über den Ausgang des Kampfes zwischen dem Roten und dem Weißen Drachen.

Eine andere Passage in der Schrift »*Von der Ursache, dem Prinzip und dem Einen*« befaßt sich neuerlich mit dem Yin und Yang von Beltane und Samhain; außerdem mit dem ewigen Kreislauf des Lebens und damit dem Wesen der keltischen Göttin Ceridwen, die den Tod immer wieder in neues Leben umwandelt: »*So ist denn ein Entgegengesetztes* (jeweils) *Prinzip des anderen* (Gegensatzes), *und die Veränderungen bilden deshalb einen Kreislauf* (...) *dadurch, daß es ein Substrat, ein Prinzip, ein Ziel, eine Fortentwicklung und eine Wiedervereinigung beider gibt. Das Minimum der Wärme und das Minimum der Kälte sind durchaus eins und dasselbe; von der Grenze, wo das Maximum der Wärme liegt, entspringt das Prinzip der Bewegung zur Kälte hin. Daher ist es offenbar, daß* (...) *nicht nur die beiden Maxima in dem Widerstreit und die beiden Minima in der Übereinstimmung, sondern auch das Maximum und das Minimum im Wechselspiel der Veränderung zusammentreffen. Wer sähe also nicht, daß das Prinzip des Vergehens und Entstehens nur eines ist? Ist nicht der letzte Rest des Zerstörten Prinzip des Erzeugten? Sagen wir nicht zugleich, wenn jenes aufgehoben, dies gesetzt ist: jenes war, dieses ist?*«

Weiter äußerte sich der geniale Denker in seinem Text »*Von der Gesamtheit*« ganz im Sinne der *Großen Wissenden* über die Verflechtung von Natur und Göttlichem auf der Ebene der Anderswelt. Wo das Christentum einen Gott postuliert, der außerhalb der irdischen, angeblich abgestürzten und von »Satan« beherrschten Welt steht, erkennt Giordano Bruno den positiven göttlichen Geist in allen natürlichen Erscheinungsformen sowohl auf Erden als auch im Kosmos: »*Die Natur ist Gott in allen Dingen. Was ist denn die Natur anderes als die göttliche Macht, welche die Materie antreibt; die allem* (Sein) *eingeprägte und ewige Ordnung? Das Göttliche ist das Unendliche im Unendlichen, die Allgegenwart in allem, nicht über dem Universum oder außerhalb desselben, sondern auf höchste Weise in allem anwesend, allem immanent, so wie die Einheit nicht außerhalb des Seienden oder über dem Seienden und die Natur nicht außerhalb der natürlichen Dinge ist. Der Geist, der all dies umfaßt, ist das Göttliche. Der Geist, welcher allem innewohnt, ist die Natur.«*

Ebenso wie die Druiden hatte der Italiener das Wesen des Kosmos als zeitlich und räumlich grenzenlose »organische Einheit« begriffen und formulierte das in seiner Arbeit *»Von der Ursache ...«* im Gegensatz zur biblischen Schöpfungslegende so: »(Das Universum) *wurde nicht erzeugt, denn es existiert kein anderes Sein, welches es ersehnen oder erwarten könnte; vielmehr besitzt es selbst alles Sein. Es vergeht nicht, denn es gibt nichts anderes, worin es sich verwandeln könnte – vielmehr ist es selbst alles.«*

Über die Gleichwertigkeit allen Lebens, die sich aus der druidischen Lehre von der immerwährenden Umwandlung ergibt, heißt es in Giordano Brunos *»Kabbala«*: »*Die Seele des Menschen ist in spezifischer und genereller Wesenheit dieselbe wie die der Fliegen, der Austern, der Pflanzen, überhaupt jeglichen beseelten Wesens. Denn es gibt keinen Körper, der nicht mehr oder weniger lebendig und vollkommen in sich selber Anteil hätte an der Weltseele.«* Von dieser Erkenntnis ausgehend, schließt der Philosoph, wieder völlig im Einklang mit den Druiden, in seiner Schrift *»Von der Gesamtheit«* weiter, daß es Unsinn sei, anzunehmen, »*irgendein Teil der Welt sei ohne Seele, ohne Leben, ohne Sinn und folglich unbelebt. Es ist ausgesprochen töricht und gemein, zu glauben, es gäbe keine anderen Lebewesen, keine anderen Sinne, keine anderen Intelligenzen, als sie unseren Sinnesorganen erscheinen.«* Neuerlich wird hier sein Wissen um die Anderswelt deutlich; darüber hinaus bezieht er diese Aussage nicht nur auf den Planeten Erde, sondern auf das gesamte Universum, wie er in der folgenden Passage seines Textes *»Vom Unendlichen«* eindeutig klarstellt:

»Da das Weltall unendlich ist und alle seine Körper veränderlich sind, so strömen demzufolge alle Körper Kräfte von sich aus und atmen stets wieder andere dafür ein, senden von ihren eigenen Stoffen (Substanz) *fort und nehmen fremde dafür in sich auf. Ich erachte es nicht für absurd und undenkbar, vielmehr für sehr denkbar und natürlich, daß jeder Gegenstand bestimmten Verwandlungen unterworfen ist und daß auch Stoffteile der Erden* (Planeten) *die ätherische Region durchstreifen und im unendlichen Raume bald auf diesen, bald auf einen anderen Körper treffen.* (Dies ist so, weil) *jedes Ding sich* (in gleichem Maße) *von einem Punkt fortbewegt, als es sich auch schon in einem anderen befindet und* (ebenso) *einer Eigenschaft entkleidet wird und eine Seinsart aufgibt, als es sich auch schon mit einer anderen Eigenschaft bekleidet und eine andere Seinsart annimmt.* (...) *Zweck dieser Bewegung ist die Erneuerung und Wiedergeburt des materiellen Körpers, welcher nicht ewig in demselben Zustand verharren kann.* (...) *Zweckursache der räumlichen Bewegung sowohl des Ganzen als auch aller Teile ist der Wechsel.«*

Wiedergeburt allen Lebens, die auf der Basis der immerwährenden materiellen Umwandlung erfolgt – neuerlich sagt Giordano Bruno hier exakt dasselbe aus wie die *Großen Wissenden* des Keltentums, welche lehrten: Die Tode sind lediglich Knotenpunkte in der sehr langen Kette des Daseins; auf diesem Weg wandert der Geist von einem dreidimensionalen Körper zum nächsten. Die leiblichen Manifestationen auf diesem Pfad können menschlich, aber auch tierisch, pflanzlich, mineralisch oder ebenso »außerirdisch« sein.

Wenn wir nun die hier vorgestellten und weitere Erkenntnisse des heidnisch gewordenen Mönches aus der italienischen Stadt Nola zusammenfassen, so ergeben sich als Substrat seiner Naturphilosophie und Kosmologie folgende Aussagen: Bei Flora, Fauna, scheinbar unbelebter Natur und dazu dem Menschen handelt es sich letztlich um verschiedene äußere Erscheinungsformen einer durch den »frei schweifenden« Geist verflochtenen umfassenderen Wesenheit. Deren natürlicher und göttlicher Charakter läßt sich nicht trennen, weil beides wiederum ineinander fließt. Ferner ist dieses ganzheitliche Sein nicht an den Planeten Erde gefesselt, vielmehr umfaßt es den gesamten Kosmos. Der Geist kann damit nicht nur in verschiedenen Körpern, sondern auch an den unterschiedlichsten Orten des Universums existieren. Es ist sogar denkbar, daß ein hochentwickeltes individuelles Bewußtsein sich aufteilt und dann sowohl in der wilden Brandung an der Küste eines irdischen Meeres als auch im stillen Flug eines Planetoiden im All lebt, wie der *Pennbardd* Taliesin es vielleicht auf moderne Art ausgedrückt hätte.

Auf diese Weise ist die Seele jedes Lebewesens, beziehungsweise jeder materiellen Erscheinungsform sehr innig mit dem verknüpft, was man als »Seele des Kosmos« oder Fülle all seiner göttlichen Aspekte bezeichnen könnte. Um diesen Gedanken näher zu erläutern, verwendete Giordano Bruno in seinem Werk *»Über die Magie«* das Bild einer unendlichen Zahl von »Kerzen«, die in ihrer Gesamtheit zum allumfassenden »Licht« oder eben zu Gott werden. Erreicht der individuelle Geist über viele Daseinsformen hinweg diese Erkenntnis, dann wird er eins mit dem Göttlichen; das heißt, er ist nun selbst »formende Seele« all jener Dimensionen, die in der druidischen Lehre durch das Pentagramm versinnbildlicht sind.

In ihren wesentlichen Punkten treffen sich also Naturphilosophie und Kosmologie des Italieners aus dem Barockzeitalter mit der mehr als zweitausend Jahre älteren Lehre der *Dru Wid* – und dies über den intellektuellen Abgrund des finsteren Mittelalters hinweg. Natürlich stellt sich angesichts dieser verblüffenden Wiedergeburt des uralten Wissens die Frage, wie Giordano Bruno erneut zu solch bahnbrechenden Einsichten gelangen konnte, nachdem die Botschaft der Druiden bereits sehr lange zuvor mit allen Mitteln unterdrückt worden war.

Sicher spielte die Rückbesinnung der Renaissance besonders auf die Denker des antiken Griechenland hier eine wichtige Rolle, doch kann beispielsweise Aristoteles, der noch am ehesten »verdächtig« wäre, nicht der wahre Lehrer Brunos gewesen sein. Zwar befreite sich der Italiener vor allem dank der Werke dieses Philosophen von den Engstirnigkeiten der Scholastik, doch später »bekämpfte« er Aristoteles unter anderem deswegen, weil dieser Seele undKörper als eine untrennbare Einheit gesehen und von daher den Gedanken an Seelenwanderung und Wiedergeburt abgelehnt hatte. Auch bei den allermeisten anderen antiken Denkern des Mittelmeerraumes, deren Schriften dem ehemaligen Mönch zugänglich gewesen sein könnten, findet sich nichts, was der von ihm entwickelten Lehre wirklich entsprochen hätte; eine Ausnahme freilich gibt es.

Denn zumindest Pythagoras (580 – 496), der heutzutage in der Regel nur noch wegen seiner mathematischen Lehrsätze bekannt ist, hatte die Möglichkeit der Seelenwanderung bejaht; allerdings hatte er in Leib und Seele wiederum Erscheinungsformen unterschiedlicher Wertigkeit gesehen, weshalb letztlich auch er nicht völlig mit der »keltischen« Weltsicht des Giordano Bruno harmoniert. Immerhin aber könnte der Italiener des 16. Jahrhunderts durch Pythagoras auf die entscheidende Fährte gebracht worden sein und außerdem möglicherweise einen ganz bestimmten Text des griechischen Geschichtsschreibers Diodorus Siculus gelesen haben, welcher im letzten vorchristlichen Jahrhundert wirkte und berichtete, daß bei den *Keltoi* auch damals noch etwas Ähnliches wie »der Glaube des Pythagoras an die Unsterblichkeit der Seele und an eine spätere Wiedergeburt lebendig« gewesen sei.

Falls der Suchende nun Eins und Eins zusammenzählte, könnte er zu dem naheliegenden Entschluß gelangt sein, sich speziell mit dem Keltentum intensiver zu beschäftigen – und zwar dort, wo dessen Traditionen am längsten und teilweise noch bis herauf ins Barockzeitalter insgeheim lebendig geblieben waren. Diese These mag zunächst abenteuerlich klingen; wenn wir uns aber jetzt noch einmal die Stationen von Giordano Brunos Leben nach seiner Flucht aus dem Kloster in Neapel und seinem ersten kurzen Aufenthalt in Rom vor Augen führen, dann wird sie sofort nachvollziehbarer. Sein erstes Exil war Norditalien, anschließend ging er nach Toulouse und Paris, um sodann mehrere Jahre in London zu arbeiten, ehe er über Wittenberg und Helmstedt in der Mitte Deutschlands Prag erreichte. Alle diese Aufenthaltsorte aber liegen innerhalb des uralten keltischen »Sonnengürtels«; der Philosoph bereiste zunächst den antiken »Ager Gallicus«, dann Gallien selbst, veröffentlichte in Britannien seine wichtigsten Werke und suchte schließlich auch noch die Wiege des Keltentums im Böhmischen Kessel auf.

Zudem wurde er in London von der Tudorkönigin Elisabeth I. gefördert, die nicht nur die entschiedenste Feindin des Katholizismus jener Zeit war, sondern deren Genealogie auch noch bis zu Uther Pendragon zurückreichte. Es könnte also sehr wohl möglich gewesen sein, daß der Italiener gerade dort die entscheidenden Hinweise erhielt, wofür zusätzlich die Tatsache sprechen würde, daß das Kernstück seines Werkes, welches seine revolutionäre Kosmologie enthält, nachweislich in England entstand. Sein Aufenthalt in Britannien muß sich auch keineswegs auf die Hauptstadt beschränkt haben; der Philosoph könnte sehr wohl jene »magischen« Orte wie Glastonbury/Avalon, Camelot, Stonehenge oder auch die nordwalisische Insel Anglesey/Mona bereit haben, wo sich zur Zeit der römischen Invasion eine der größten Druidenschulen des Landes befand und keltische Erinnerungen selbst heute, im 20. Jahrhundert, noch sehr intensiv gepflegt werden.

Falls Giordano Bruno aus diesen westeuropäischen Quellen schöpfte, dann wäre er auf zwei unterschiedlichen geistigen Pfaden zu seiner genialen (Wieder)Erkenntnis gelangt. Pythagoras hätte ihn bis direkt vor das Tor des umfassenden Wissens geführt; geistige Nachfahren der *Dru Wid*, auf die er in Britannien und möglicherweise auch anderswo im Bereich des untergegangenen »Sonnengürtels« stieß, sowie bestimmte Stätten, an denen einst Botschaften sowohl naturwissenschaftlicher als auch metaphysischer Art niedergelegt worden waren, hätten seine »Erleuchtung« vollendet. Die Fülle dieses nach all den Jahrhunderten der Finsternis neu entdeckten Wissens – das er sich zweifellos in einer mentalen Symbiose aus Ratio und Intuition erworben hatte – befähigte ihn, Mensch, Natur und Kosmos wieder so zu definieren, wie es Jahrtausende vor ihm bereits die Druiden getan hatten. Abermals waren dank des heidnisch gewordenen Mönches die fünf Dimensionen des Pentagramms sichtbar geworden – die Zeit freilich, in der Giordano Bruno seine geniale Leistung vollbrachte, war nicht gewillt, sein unbezahlbares Geschenk anzunehmen.

Hätte die römisch-katholische Kirchenführung von ihm gelernt, statt ihn auf dem Scheiterhaufen zu verbrennen, dann wäre die europäische und außereuropäische Geschichte ab dem 17. Jahrhundert mit Sicherheit positiver verlaufen. Das Wissen um die gleichwertige Verflechtung allen Lebens und aller seiner geistigen Ausformungen, also prinzipiell auch der Weltanschauungen, hätte den Dreißigjährigen Krieg, der schon wenige Jahre nach dem Tod des Philosophen ausbrach, unmöglich gemacht. Ebenso wäre großen Teilen der afrikanischen und amerikanischen Urbevölkerung die Ausrottung durch christliche Kolonialmächte erspart geblieben, die in diesen heidnischen Menschen nichts weiter als wert- und rechtlose Kreaturen sahen. Druidisches Bewußtsein hätte ferner bereits in der frühen Neuzeit auch seine Umsetzung im gesellschaftlich-politischen Bereich gefordert: Feudale Monarchien wären verschwunden und hätten lange vor der Französischen Revolution, die deshalb unnötig geworden wäre, demokratischen Staatsformen Platz gemacht. Wären schließlich die Menschenrechte bereits im 17. Jahrhundert verkündet und praktiziert worden, hätte es nie zum Holocaust als dem fürchterlichsten Auswuchs des naturwidrigen Rassismus und absolut unkeltischen Nationalismus kommen können.

Eine humane Gesellschaft der frühen Neuzeit, deren Naturwissenschaftler die druidische Kosmologie des Giordano Bruno verinnerlicht hätten, wäre sehr rasch fähig gewesen, das Sonnensystem zu erforschen und Raumfahrzeuge ins All zu senden. Freilich hätten die Astrophysiker, die ganz im Sinne der *Dru Wid* zugleich Metaphysiker gewesen wären, dies in unabdingbarer Achtung vor der Natur und um weiterer Erkenntnis willen getan und nicht, wie die Weltraummächte des 20. Jahrhunderts, aus Gründen der militärischen Vorherrschaft und Profitgier. Im gleichen bewahrenden und ehrfurchtsvollen Geist wäre eine bewußter lebende Menschheit mit der irdischen Biosphäre umgegangen, so daß die gravierende Umweltzerstörung, die am Ende des zweiten christlichen Jahrtausends zu beklagen ist und alle »höher« entwickelten Existenzen auf unserem Planeten zu vernichten droht, gar nicht erst aufgetreten wäre.

Auch wenn die Entwicklung der Menschheit nach Giordano Brunos schrecklichem Tod in den genannten und anderen Bereichen katastrophal verlief, war sein Werk trotzdem nicht sinnlos. Denn rund dreihundert Jahre nach der Ermordung des Philosophen in Rom trat ein anderes Genie auf, und wenn dieser Jude namens Albert Einstein sagte, er hätte »auf den Schultern Größerer« gestanden, dann meinte er damit in erster Linie fraglos den ins Heidentum heimgekehrten ehemaligen Mönch aus Nola. Denn niemand sonst hatte jenen Grenzbereich, in dem Naturwissenschaft und Metaphysik über die Dimension der Anderswelt miteinander verknüpft sind, dermaßen tief ausgelotet wie Bruno. Er, der seinerseits wieder Schüler der Druiden und in seiner späteren Entwicklung selbst ein *Großer Wissender* war, hatte jene vom Irdischen in die Ewigkeit reichende Erkenntnisbasis wiederentdeckt, die es dem jüdischen Wissenschaftler ermöglichte, seine Relativitätstheorie zu formulieren und damit letztlich direkt an das so außerordentlich hoch entwickelte Bewußtsein der *Dru Wid* anzuknüpfen.

Die ganze Fülle des alten heidnischen Wissens wird freilich erst dann von neuem genutzt werden können, wenn sehr große Inspirierte nach dem Nobelpreisträger und dem vorgeblichen »Ketzer« imstande sein werden, den vor allem naturwissenschaftlichen Ansatz Einsteins mit der eher philosophisch-metaphysisch angelegten Intuition des Giordano Bruno zu vereinen, so daß Göttliches und Natürliches wahrlich wieder harmonisieren würden, so wie es der Mann aus

Nola letztlich forderte. Ferner müßte solch ganzheitliches Wissen auf höchstem Niveau nicht nur von einigen Genies, sondern zumindest von einer breiteren Elite der Menschheit verinnerlicht werden, damit erneut und immer wieder das geschehen könnte, was die Druiden in ihrer Zeit vorlebten.

Viele von ihnen waren nämlich fähig, die Anderswelt zu »betreten«, um dann von ihren Erfahrungen zu berichten – und auf einem solchen Pfad, der bis heute zu einer *Pons Perilis*, einer »gefährlichen« Brücke, führt, wollen auch wir nun ein Stück wandern ...

IX

Avalon – ein Tor zur Anderswelt

Ich nähere mich Glastonbury auf der A 361, von Osten kommend: von den Salisbury Plains in Wiltshire, wo die Cromlechs von Stonehenge und Avebury aufragen. Ein Stück hinter Shepton Mallet wird – unter dem Himmel von Somerset nun – erstmals der Twr von Avalon sichtbar: die höchste Erhebung der sagenumwobenen Insel, die hier einst vom Wasser eines flachen Sees umspült wurde und eines der wichtigsten Heiligtümer des keltischen Britannien war.

Die Wurzeln der *Ynys Avallach* – der Apfelinsel – reichen bis in prähistorische Zeiten zurück. Manche Wissenschaftler vermuten, daß sich hier bereits im Neolithikum ein »Labyrinth« (besser vielleicht: ein »nebelverhangener«, nur schwer zu begehender Weg) befunden habe.

Nicht weniger geheimnisvoll sind die Überlieferungen aus der Spätantike. Der jüdische Zinnhändler Joseph von Arimathea, so berichtet eine lokale Tradition, habe seinen halbwüchsigen Neffen Jesus nach Avalon gebracht, damit dieser hier in der Weisheit der Druiden unterwiesen werden sollte. Freilich habe Jesus nicht die volle zwanzigjährige Ausbildung durchlaufen und sei vorzeitig nach Palästina zurückgekehrt. Kurz nach seinem Tod seien im Jahr 37 mehrere seiner Jünger nach Britannien gekommen, um Verfolgungen in Judäa zu entgehen. Der keltische König Arvirax habe diese Frauen und Männer gastfreundlich aufgenommen und sie bei den Druiden der *Ynys Avallach* untergebracht, wo sie die wahre jesuanische Lehre bewahrten, bis das Christentum diese Botschaft in ihr Gegenteil verkehrt habe.

Weibliche Druiden spielten auch eine außerordentlich wichtige Rolle bei der Heimholung und beim Begräbnis des Königs Arthur, der im späten fünften und frühen sechsten Jahrhundert regierte. Nach der Schlacht von Camlann wurde der tödlich verwundete *Rhiotam* von der Druidin Morgana sowie anderen weisen Frauen zur Insel Avalon gebracht und in der Nähe des Twr im Apfelgarten beigesetzt. Dort (auf dem Areal des längst wieder zerstörten christlichen Klosters Glastonbury) ist die ursprüngliche Grabstätte bis heute zu sehen; die Gebeine Arthurs freilich liegen seit dem Mittelalter anderswo: vor dem Hochalter der einstigen Abteikirche.

Diese Umbettung entsprach ganz sicher nicht dem Geist der Druidinnen, die den letzten großen und heidnischen Keltenkönig in ihre metaphysische Obhut genommen hatten. Denn gerade durch das Begräbnis im Apfelgarten sollte der in der Diesseitswelt Verstorbene besonders wirkungsvoll in das zeitlose Kontinuum der fünf keltischen Dimensionen eingebettet werden. *Avallach* war schließlich nicht nur der »reale« Hain, in dem die Obstbäume blühten und Früchte trugen – es stand ebenso für die fünfzackige Unendlichkeit des Universums. Hier, in einem der größten Heiligtümer des vorchristlichen Britannien, hat die Natur selbst das wichtigste Symbol der druidischen Lehre vorgegeben: den Fünfstern, dessen Ende wieder in den Anfang einmündet.

Jede der fünf Spitzen des Pentagramms ist – um die Kosmologie der *Großen Wissenden* noch einmal zu rekapitulieren – einer der den Kelten bekannten Dimensionen zugeordnet. Das »normale« dreidimensionale Kontinuum wird umflochten von der vierten Dimension der Anderswelt, welche hinter den »Nebeln« der gewöhnlichen menschlichen Wahrnehmungsfähigkeit liegt. Dieses nunmehr vierdimensionale Kontinuum ist freilich wiederum nur einer der unendlich vielen Aspekte der fünften, kosmischen Dimension, wo die vierdimensionale Welt in unermeßlicher Vielfalt variiert wird. Die Grenzen dazwischen jedoch sind fließend; alles bewegt sich im Kreislauf der ewigen Umwandlung, welche ihrerseits ein grundlegender Baustein der allumfassenden Dimension ist. Dieses unerschöpfliche Umwandlungspotential aber bedeutet für jedes Individuum unzerstörbares und in vielfältigsten Erscheinungsformen wiederkehrendes Leben: aus jedem Ende wird entlang der Reise auf der verschlungenen Linie des Pentagramms ein neuer Anfang.

In diesem Geist – dem *Celtic Spirit* – fand die Beisetzung des *Rhiotam* Arthur auf der *Ynys Avallach* statt. Dem Geist des Toten sollte der Weg in die Anderswelt erleichtert werden, damit dieser Geist aus dem das Dreidimensionale durchdringenden vierten Kontinuum heraus erneut wirksam werden konnte. Durch die liebevolle Hilfe der Druidinnen sollte der körperlich Verstorbene auf die höhere physikalische und ebenso metaphysische Ebene geführt werden – und dies geschah aus sehr gutem Grund angesichts des Twr von Avalon: jener höchsten Erhebung der Insel, auf der sich – wie wir sehen werden – die Schwingungen der dritten Dimension zur vierten ausweiten und dadurch für die Eingeweihten zum Tor durch die »Nebel« werden.

Unter dem milden Licht der Septembersonne liegt Glastonbury Twr vor mir. Langsam nähere ich mich ihm von der Klosterruine her, passiere die letzten Häuser des Städtchens und bin kaum erstaunt, zwischen ihnen ein buddhistisches Seminargebäude zu sehen. Nur ein kleines Stück dahinter zweigt der Fußpfad ab, der über einen sanft ansteigenden Hang weiterführt: an hölzernen Weidegattern und – ja, es muß so sein – einer prachtvollen Apfelplantage vorbei.

Die Luft ist warm, kein Windhauch ist zu spüren; der fruchtige Duft aus dem Obstgarten scheint mich auf angenehme Weise zu betäuben. Große, erdhafte Ruhe ist in mir; der Rhythmus meiner Schritte wird mir bewußt, kommt mehr und mehr in Einklang mit meinem Atem. Und mehr und mehr nimmt mich der Anblick des Hügels gefangen, über dessen westliche Flanke ich nun langsam aufsteige: steinige Heide um mich; hoch über mir die grandiose, leicht von Pol zu Pol geschwungene Kuppe mit dem gotischen Turm auf der höchsten Erhebung. Das letzte Wegstück ist steil; ich sage mir, daß ich wohl besser dem längeren Pfad gefolgt wäre, der sich in sanften Spiralen um den Twr zieht. Dann aber bin ich oben – und von einem Augenblick zum anderen in der Kontrastwelt zum bukolischen Apfelgarten unten.

Der Sturm, der über den Kamm des Hügels tobt, ist unglaublich stark; ich könnte mich hineinlegen in ihn, und er würde mich auffangen. Ich lehne es innerlich ab, mir das Phänomen erklären zu wollen; weiß instinktiv, es ist in diesem Moment richtiger, es einfach hinzunehmen. Gleich darauf spüre ich: Es soll mir damit etwas gezeigt werden; zwei an diesem Ort ineinander enthaltene Gegensätze – die fast einschläfernde Ruhe im Tal und das aufwühlende Windpeitschen auf dem Gipfel – wollen als Wesen des Twr insgesamt begriffen werden.

Lange stehe ich auf dem schmalen, ungeschützten Plateau; der Blick wandert weit hinaus über die verlandete Fläche des ehemaligen Sees von Avalon tief unten. Im Südosten, etwa zwanzig Kilometer entfernt, begrenzt eine Hügelkette das flache Land. Ich weiß, dort drüben liegt das historische Camelot, und dann, obwohl ich es in diesem Leben noch nie gesehen habe, bin ich mir völlig sicher, die Festung in der unverwechselbaren Form einer ganz bestimmten Kuppe zu erkennen. Einmal mehr nehme ich diese Gewißheit hin (später an diesem Tag wird meine Intuition bestätigt werden); vorerst kämpfe ich mich durch den Sturm weiter zum mittelalterlichen Turm.

Unwillkürlich, als ich das rauhe, rechteckig und kantig gegliederte Gemäuer mit dem spitzbogigen Portal genauer betrachte, befällt mich das Gefühl, einen Fremdkörper vor mir zu haben, der im Widerstreit zum Geist des Twr steht. Mit allen Fasern lehne ich das christliche Bauwerk ab; es ist mir, als leide das keltische Heiligtum unter einer brutalen Vergewaltigung. Erst als sich das Gemäuer, bei dem es sich um den letzten Überrest einer im 16. Jahrhundert zerstörten Kirche handelt, vor meinem inneren Auge in einen Menhir verwandelt, weicht die Beklemmung und hüllt mich die schmetternde Harmonie auf dem höchsten Punkt der *Ynys Avallach* neuerlich ein.

Später, beim Abstieg zurück in die Stille, folge ich einer fremden und doch vertrauten Frau; einmal will mir ihr Gang jung erscheinen, dann wieder alt. Ich nähere mich ihr nicht, lasse mich lediglich in einigem Abstand von ihr führen. An bestimmten Stellen des Pfades bleibt sie stehen und betrachtet jedesmal wie versunken den Hügel. Auch ich warte dann; begebe mich anschließend zu dem Platz, den sie verlassen hat, und versuche ebenfalls, Stimmung und Perspektive gerade dieses Punktes tief in mich aufzunehmen. Zuletzt verschwindet sie zwischen den Bäumen des Apfelgartens und läßt mich allein an dem Ort, zu dem sie mich leitete.

Genau von hier aus erkenne ich die wahre Form des Twr. Der Hügel gleicht einer weiblichen Brust, die weich aus dem Land hervorwächst. Dort, wo ich den Menhir erahnte, befindet sich die Warze: der nährende Kraftpunkt, um den sich alles bündelt. Dazu gibt es einen sanften Gegenpol am Ansatz des erdmütterlichen Organs; die Linie dazwischen ist von vollkommener Ausgewogenheit.

Um dieses Oval windet sich der zweieinhalbtausend Jahre alte Pfad, von dem die Archäologen nachgewiesen haben, daß er zu eben jener Zeit angelegt wurde, da die Druiden im Übergang von der Hallstatt- zur La-Tène-Kultur nach Britannien kamen. Und auch diese spiralige und leicht zur Knospe hin ansteigende »Schlange« besitzt ihre ureigene

Harmonie; sie schmiegt sich der Kontur des Twr in idealer (Zu)Neigung und weit über die rein topographischen Gegebenheiten hinaus an: erweitert sie, wie ich wenig später begreifen soll, um eine zusätzliche Dimension.

Ganz still stehe ich da; nehme das zutiefst in sich selbst ruhende Bild zuerst vom Verstand her und dann immer stärker auch intuitiv auf. Beides zusammen eröffnet mir den Zugang zu den jetzt nicht mehr bloß optisch greifbaren Linien des Twr; ich habe dabei das Gefühl, als würde ich neuerlich geführt: als wolle der uralte Geist der *Ynys Avallach* mich annehmen und durchströmen. Nach einer Weile wird aus dem Erkennen dieses Pulsens ein Mitgehen; so, als würde ein Teil meines Wesens sich in immer weiter ausschwingenden Bewegungen von mir lösen, ohne aber die Verbindung mit meinem Körper wirklich aufzugeben.

Sehr deutlich unterscheide ich zwei verschiedene Rhythmen, die von den beiden visuellen Komponenten des Hügels ausgehen. Die eine Schwingungslinie läuft horizontal von Pol zu Pol: fällt vom einen ab und steigt zum anderen wieder auf, wobei sie quasi in der Form einer mittig eingetieften Acht vertikal »schaukelt«. Die andere entsteht aus der Spirale des Weges; sie umwirbelt und durchdringt die erste auf einer schräg aufsteigenden horizontalen Ebene.

Während ich mich in diesen doppelten, vom Heiligtum vorgegebenen Rhythmus hineinfallen lasse, assoziiere ich kurz ein anderes Bild: unseren etwas birnenförmigen Planeten mit seinen Magnetfeldern, die auf verschiedenen Ebenen zwischen Arktis und Antarktis verlaufen und die sowohl aus dem Erdinneren als auch von der Ionosphäre gespeist werden.

Der Gedanke zuckt heran und verschwindet wieder; gleich darauf verschmelzen die beiden eben noch unterschiedlichen Schwingungen zu einer einzigen – und beginnen genau dadurch den dreidimensionalen Raum auszuweiten. Es ist, als vervielfachten die beiden Kraftlinien des Twr gegenseitig ihre Potenz: als paarten sie sich. Diese Vereinigung von Erdmutter- und Schlangen- oder Drachenkraft aber ergreift in einer Art von innerem und immateriellem Orgasmus zunehmend auch mich, dringt mit ihrem Rhythmus immer tiefer in mich ein. Und je williger ich mitgehe, um so deutlicher spüre ich, daß ich mich hineintragen und hineinsaugen lassen kann in die vierte Dimension: in die Anderswelt.

Ich stehe auf der *Pons Perilis*, der »gefährlichen« Brücke, die durch die »Nebel von Avalon« in das »jenseitige« Kontinuum führt. Das Tor, welches zu durchqueren eines der erhabensten Ziele der Druiden war, hat sich – einen Spalt zumindest – für mich geöffnet. Mein Geist könnte sich jetzt noch intensiver hingeben, könnte sich im Pulsen der Kraftlinien noch weiter ausdehnen: könnte damit auch den letzten, entscheidenden Schritt tun und völlig in die Anderswelt eingehen.

Während ich das jedoch – entrückt und zugleich mit hellwachem Verstand – fühle und denke, begreife ich, daß ich unvorbereitet einträte: daß ich zwar an die Grenze geleitet wurde, aber die Schwelle nicht leichtfertig überschreiten soll. Vielleicht, so sagt eine innere Stimme mir, werde die Zeit kommen; ob es geschehe, hänge einzig und allein von meiner eigenen weiteren Entwicklung ab.

Langsam löse ich mich wieder aus dem schwingenden Kraftfeld des *Twr Avallach*, gleite sanft zurück in den Rahmen meines Körpers und danke der, die ich liebe: Ceridwen. Still und sehr glücklich verlasse ich das Areal um das Heiligtum; eine große Ruhe ist in mir, als ich erneut den Apfelgarten passiere – und aus dieser Ruhe heraus artikuliert sich die Erkenntnis, die ich an diesem Septembertag gewann.

Ich kenne nun den inneren Weg, der über die *Pons Perilis* in die Anderswelt läuft. Die Druiden – Frauen und Männer – die vor zweieinhalb Jahrtausenden nach Britannien kamen, »zimmerten« die metaphysische Brücke, indem sie die natürliche Schwingung des Twr auf geniale Weise durch eine zweite – den Spiralweg über die umlaufenden Terrassen – überlagerten. Beide Kraftlinien – wenn ein Betrachter sie sowohl mit seinem Verstand als auch intuitiv auf sich wirken läßt – tragen sich selbst und ebenso den geistig-seelisch wachen Besucher hinüber in die vierte Dimension.

Vielleicht ist das aber nur einer der möglichen Zugänge; es könnte sehr wohl sein, daß das reale Begehen des Schlangenpfades in Verbindung mit dem Blick auf die Pole des Hügels dieselbe Wirkung zeigt. Entscheidend indessen ist letztlich allein das Korrespondieren der Schwingungen, die aus der Erde (Twr) und aus dem kosmischen Bewußtsein (Spiralweg) kommen. Beide miteinander in Einklang zu bringen und dadurch ihr erweitertes Pulsen zu erkennen und in sich selbst aufzunehmen – das ist der Schlüssel, der die Pforte zur Anderswelt öffnet.

Ausgestattet mit diesem Wissen, durchschritten die Druiden die »Nebel von Avalon« und erreichten die materiell-immaterielle vierte Dimension, die Same und Erfüllung der dreidimensionalen Welt ist. Jenseits der *Pons Perilis* erforschten und erkannten sie die physikalisch-metaphysischen Gesetze, welche das diesseitige Leben zwischen seinen Knotenpunkten der körperlichen Geburt und des leiblichen Todes bestimmen und es einbinden in jenen ungleich größeren Zyklus, in dem Geburten und Tode lediglich Umwandlungen innerhalb der großen Kette oder des umfassenden Ringes sind.

Dies war das kühne Abenteuer der *Großen Wissenden*: die den meisten Menschen nicht zugängliche Terra Inkognita der Anderswelt zu erforschen und ihre Erkenntnisse zurück in die Welt der dritten Dimension zu bringen. Und dies war letztlich die vom römisch-katholisch geprägten Christentum nicht mehr verstandene wahre Gralssuche: den Kessel des Lebens zu finden und aus ihm zu schöpfen, um damit die ganze Fülle des irdischen und kosmischen Daseins zu besitzen.

Denn die Anderswelt trägt uns alle; sie ist der Brunnen der Seelen, des Geistes und der Unsterblichkeit, wo die Verstorbenen sich hin zur Wiedergeburt erneuern. Sie ist die Drachenkraft, welche aus ihrer Substanz immerfort neu die vielfältigen Erscheinungsformen des Lebens zeugt. Sie ist das Kontinuum, wo Schlangenleib und Zeit sich zum Kreis formen und die dreidimensionalen Gesetze aufgehoben sind: die höhere Wirklichkeit, die während der vielen dunklen Jahrhunderte des Christentums nicht mehr begriffen und in Gestalt der Kosmologie des Giordano Bruno verteufelt wurde – bis schließlich im 20. Jahrhundert der wiederum von der Weisheit der *Dru Wid* durchdrungene Albert Einstein seine Relativitätstheorie erarbeitete …

Der *Twr Avallach* freilich existierte und pulste immer. Während ich später in Glastonbury in einem Pub sitze und mich aus einem Buch über die historisch greifbare Geschichte der Stadt informiere, wird mir diese Tatsache auf frappierende Weise noch einmal klar. Der heilige keltische Ort nämlich wehrte sich dank seiner unzerstörbaren andersweltlichen Stärke sehr konkret gegen die Verfinsterung des alten Wissens durch die römischen Priester. Schon bald nach der Vertreibung der letzten Druiden aus Avalon erbauten die Christen eine Kirche auf dem Twr, aber der zutiefst vom keltischen Geist durchdrungene Hügel wollte diese Lästerung nicht ertragen.

Im Jahr 1275 zerstörte ein für England höchst ungewöhnliches Erdbeben den Sakralbau: der Twr warf die Kirche förmlich ab. Ein Nachfolgegebäude stand bis 1553 auf der Kuppe des Hügels, dann schleifte Edward VI., ein Sohn des Tudorkönigs Heinrichs VIII., im Zuge der Reformation auch diesen Bau und dazu das katholische Kloster von Glastonbury, das auf dem Areal des früheren keltischen Heiligtums zu Füßen des Twr errichtet worden war. Allein der gotische Turm blieb auf dem Hügel stehen – und es ist gewiß kein Zufall, daß er den Tod des letzten Abtes von Glastonbury sah: Dieser christliche Kleriker wurde innerhalb des spitzbogigen Portals gehenkt.

Ähnliches geschah unweit von Avalon innerhalb der bald nach Arthurs Tod aufgegebenen Hügelfestung von Camelot. Die Feinde des Keltentums brannten dort zunächst die hölzernen Gebäude nieder; nachdem Britannien einige Generationen später im römisch-katholischen Sinn christianisiert worden war, sollte auch dort, wo einst die Große Halle des *Rhiotam* gestanden hatte, eine Kirche errichtet werden. Wie die Überlieferung berichtet, war dies aber unmöglich; der Sakralbau konnte trotz mehrerer Anläufe niemals vollendet werden, und zuletzt gaben die Priester ihr Vorhaben völlig auf. Dafür haben sich jedoch »Legenden« erhalten, wonach Arthur dort in gewissen Vollmondnächten aus der Anderswelt »zurückkehre« und an der Spitze seiner Reiter um den Berg bis zu einer bestimmten Quelle ziehe, ehe die keltischen Krieger wieder im »Reich jenseits der Nebel« verschwänden.

Auch daran denke ich, während ich im Pub von Glastonbury sitze und meinen Tee trinke. Dann verlasse ich das Lokal beinahe hastig; mit einem Mal ist die Sehnsucht nach Camelot unwiderstehlich geworden ...

Das Dorf South Cadbury, an dessen Rand die Hügelfestung liegt, wäre von Glastonbury aus am einfachsten über das

Städtchen Somerton und dann auf der A 303 in östlicher Richtung zu erreichen. Doch instinktiv vermeide ich den vierspurigen Highway des 20. Jahrhunderts und folge den alten Straßen: schmalen Chausseen, die sich im Lauf der Jahrhunderte metertief ins Land eingeschnitten haben und auf den hohen Böschungen von üppigen Hecken oder Eichenalleen flankiert werden. Manchmal verflechten sich die Baumkronen so innig, daß sich über mehrere hundert Meter richtiggehende Tunnels gebildet haben. Im niedrigen Gang lasse ich den Wagen dann durch dunkelgrünes Dämmerlicht rollen und habe dabei das Empfinden, ich sollte eigentlich im Sattel eines Pferdes und nicht hinter dem Steuer meines Peugeot sitzen.

Schon bald verliere ich die Orientierung; da mir aber die engen Schluchten und die gelegentlich auftauchenden, wie verwunschen wirkenden Weiler und Farmen so seltsam vertraut vorkommen, fühle ich mich nicht unsicher. Vielmehr scheint mich, tief aus der Vergangenheit aufsteigend, etwas einzuhüllen, das mir lange vermißte Geborgenheit schenkt. Unverbrüchlich weiß ich, daß ich mich nach wie vor auf dem richtigen Weg befinde, auch wenn ich schon längst nicht mehr sagen könnte, in welche Himmelsrichtung ich eigentlich fahre. Und dann plötzlich die Ortsnamen, die mich wie ein Anhauch aus einer anderen Zeit förmlich erschüttern: Sandford Orcas, Marston Magna und Queen Camel. Eine jähe Erinnerung schießt mir durch den Kopf, als ich den letztgenannten winzigen Ort passiere: Richtig, hier war es ... Hier lebte Gwynhwyfara auf ihrem Hof ... Noch etliche Jahre nach dem Tod des Königs ...

Ich lasse das Dorf hinter mir; wenig später gibt eine Allee die Aussicht auf jenen Hügel frei, dessen Anblick schon vom Twr Avalon aus wie eine nie vernarbte Wunde auf mich wirkte, und noch ehe ich das Ortsschild von South Cadbury erblicke, weiß ich, daß ich angekommen bin. Das Wiedererkennen ist unglaublich intensiv; mit traumwandlerischer Sicherheit fahre ich das letzte Stück, finde einen Parkplatz für den Peugeot am Fuß einer moosüberwucherten Mauer, steige aus und gehe ein paar Dutzend Schritte zurück, bis ich die Mündung des Hohlweges erreicht habe. Links, wiederum halb hinter zerbröckelndem Mauerwerk und einer Hecke versteckt, liegt eine Farm; ich lächle und glaube das Wasser der uralten Quelle zu schmecken, die hier noch immer sprudelt. Doch ich wende mich nicht dorthin, sondern gehe in die tief eingeschnittene schmale Schlucht hinein. Und als ich die halb von Gestrüpp verdeckte Holztafel erspähe, auf der die Worte ›*Cadbury Castle (Camelot)*‹ stehen, ist dies lediglich eine Bestätigung, die ich nicht nötig hatte.

Der Weg ist steinig; herabschießendes Regenwasser hat tiefe Furchen gegraben. Langsam steige ich hinauf; gelegentlich trägt mir der Wind herben animalischen Geruch zu. Als ich oben die Lücke im Erdwall erreiche, wo einst der aus Balken gezimmerte Torbau stand, kommen mir neugierig ein paar Rinder entgegen. Ihr Schnauben scheint die zeitlose Stille, die über dem Bergrücken liegt, noch zu vertiefen. Nachdem ich die Tiere berührt und mich in Einklang mit ihrem Wesen gebracht habe, öffnen sie mir eine Gasse und begleiten mich noch ein paar Schritte zu dem von Sträuchern und Distelstauden gesäumten Pfad, der auf der Krone der höchsten, innersten Wallaufschüttung um das gesamte Hügelplateau läuft.

Bereits für das Neolithikum konnte auf diesem Bergrücken eine erste Schanze nachgewiesen werden; während der La-Tène-Zeit wurde die Anlage ausgebaut und diente wahrscheinlich als Fürstensitz. Als die Römer Britannien eroberten, wurde auch die Ringburg bei Cadbury in Mitleidenschaft gezogen; die Legionäre brannten Tore und Palisaden, Wirtschafts- und Wohngebäude nieder und zerstörten so die blühende keltische Siedlung völlig. Wie die Archäologen feststellten, blieb das Plateau anschließend bis in die zweite Hälfte des fünften Jahrhunderts unbewohnt. Dann aber, genau in der Epoche, da der *Rhiotam* Arthur das letzte keltische Königtum aufrichtete, wurde die uralte Hügelfestung neu und stärker denn je ausgebaut – und damit war das »sagenhafte« Camelot entstanden.

Ganz allmählich steigt der Pfad, immer der Linie des innersten Walles folgend, gegen das Ende des etwas schrägen Plateaus hin an. Nur schüttere Weide bedeckt das Areal heute noch, aber nach wie vor ziehen sich die mächtigen konzentrischen Erdwälle um den Bergrücken: dreifach gestaffelt, dazwischen die steilen Schluchten der Gräben. Ich weiß, daß sich unter dem Humus des obersten Ringwalles ein mehrere Meter starkes, einstmals balkenverstrebtes Schichtmauerwerk verbirgt, und ich erinnere mich auch an die Bedeutung der kleineren, rötlichen Steine, gegen die mein Fuß immer wieder stößt: Sehr bewußt wurden sie in die Erdverstärkung des Walles mit eingebracht, um dadurch die Kraft des Roten Drachen an die Hügelburg zu binden.

Eben als ich dies denke, scheint sich im oberen Drittel des Plateaus etwas Undefinierbares zu verändern. Für einen Moment habe ich das Gefühl, als würden sich dort – auf der andersweltlichen Ebene – noch einmal die Konturen der Großen Halle materialisieren. Unsichtbar und dennoch real glaube ich sie hinter dem Schleier der von feinen Spinnweben durchflirrten Luft des sonnigen Septembertages zu erkennen: die silbergrauen Schattierungen der wuchtigen Balken; das reiche, in unendlicher Vielfalt verflochtene Schnitzwerk am Portal und den Auskragungen; den Hochsitz des *Rhiotam* im Inneren und dazu das Banner Arthurs, das wiederum den Roten Drachen zeigt.

Mit dem nächsten Lidschlag ist die Vision verflogen; sehr nachdenklich gehe ich weiter und umrunde die Hügelkuppe ungefähr zur Hälfte. Drüben dann, vielleicht weil etwas mich dazu bringt, eine ungewöhnlich prächtig gewachsene Distel zu berühren, erlebe ich einen zweiten Augenblick tiefer mentaler Entrückung. Durch die Blätter der Hartlaubpflanze hindurch sehe ich in der Kluft zwischen dem innersten und dem mittleren Wall eine Gruppe surreal gewachsener Bäume, deren Äste wie nach einem wilden Peitschen jäh erstarrt und miteinander verschlungen scheinen. In der gleichen Sekunde wird mir bewußt, welche Bedeutung dieser Platz vor eineinhalb Jahrtausenden besaß: Hier, so schießt es mir durch den Kopf, meditierte Myrddin ... Hier, wo der in die Schlucht wirbelnde und zugleich aus der Erde dringende Anhauch Rhiannons die Baumleiber von jeher so formt, daß sie zu Emanationen sowohl dieser als auch der anderen Welt werden ...

Kaum hat der unsterbliche Geist Merlins mich umfangen, wird mir die dritte Rückerinnerung geschenkt, denn nun weitet sich mein Begreifen aus bis hinüber nach Avalon. Die ganze Zeit über war der Twr in etwa zwanzig Kilometer Entfernung vor dem nordwestlichen Horizont sichtbar, doch erst jetzt, ganz plötzlich, entsinne ich mich der spirituellen Verbindungslinie und verinnerliche sie von neuem: Weder die *Ynys Avallach* noch die Bergfestung von Camelot dürfen für sich gesehen werden, vielmehr sind sie nach dem Prinzip von Beltane und Samhain eng miteinander verbunden. Avalon ist der weibliche Pol, Camelot der männliche; dort wirkten die Druidinnen und hüteten die Weisheit des Pentagramms, hier standen Arthurs inspirierte Krieger mit ihrem Willen zur Freiheit, und erst aus dem Zusammenklang beider Kräfte entstand die Macht, die das Keltentum in Britannien noch einmal befreite.

Nur weil *Große Wissende* das Yin und Yang des Landes und seiner heidnischen Menschen über diese beiden herausragenden Orte bis in die vierte Dimension hinein miteinander verknüpften, wurde Avalon-Camelot zum Herzen und Heiligtum Britanniens. Selbst nach dem körperlichen Tod des *Rhiotam* hörte dieses Herz nicht auf zu schlagen; vielmehr blieben seine Impulse aus der Anderswelt heraus lebendig. Der Geist der *Ynys Avallach* trug den Traum Camelots über die vielen dunklen Jahrhunderte hinweg bis in unsere Gegenwart, in welcher das Sternzeichen der »Fische« sich umwandelt in das des »Wassermannes« – und jetzt, da ich auf dem innersten Ringwall der nach außen hin zum Weideland gewordenen, in ihrem mentalen Kern jedoch unzerstörbaren Hügelfestung stehe und zum Twr hinüberblicke, spüre ich mit unverbrüchlicher Sicherheit, wie nahe die Zeit bereits ist.

Als ich zurück zum Hohlweg komme, versinkt im Westen, welche Himmelsrichtung im keltischen Denken stets auch das Geheimnis der Umwandlung und Wiederkehr birgt, die Sonne. Im langsam einfallenden Dämmerlicht folge ich dem jahrtausendealten Pfad zurück ins Tal, und in der Hand trage ich fünf kleine rötliche Steine, die später ihren Platz auf dem Bord über meinem Schreibtisch finden sollen.

Jetzt, da ich diese Zeilen schreibe, fällt mein Blick einmal mehr auf sie; warm reflektieren ihre Kristalle zu dieser Stunde die Morgensonne. Aber auch andere Relikte, die mehr sind als bloße Erinnerungen, liegen dort in meiner Reichweite: einige unscheinbare Muschelschalen beispielsweise, die ich ein Jahr nach meinem Wiedererkennen von Avalon und Camelot am Strand der Tremadog Bay in Nordwales fand. Und dort entdeckte ich abermals einen Weg, der ebenso wie der *Twr Avallach* den Zugang zur *Pons Perilis* eröffnet ...

✧✧

Majestätisch reckt die Burg von Harlech ihre vier Ecktürme zum Firmament, doch ungleich ehrwürdiger als das von Edward I. im 13. Jahrhundert erbaute Kastell ist der langgestreckte Felssporn, auf dem es steht: die älteste zutage liegende geologische Formation Europas. Ganz offenbar wußten die Druiden um die Einzigartigkeit des Ortes, denn bereits im *Mabinogi*, dem kimmrischen Nationalepos, wird *Twr Branwen* als herausragendes Naturdenkmal erwähnt. Einst behütete das hier befindliche keltische Heiligtum das nordwalisische Königreich Gwynedd im Westen, während die grandiose Ringwallanlage *Dinas Bran* den Osten schützte. Auch in diesem Fall wird also ein Yin und Yang deutlich, das in der kimmrischen Überlieferung durch das Geschwisterpaar Branwen und Bran symbolisiert ist, welches einst gemeinsam über Gwynedd geherrscht haben soll. In ihrer ältesten Gestalt freilich waren Branwen und Bran Götter, und der real-metaphysische Weg zu ihnen führt bis heute im Angesicht des Twr über Land, das zugleich Wasser ist, und Wasser, das sich umwandelt in Land.

Die noch kräftige Septembersonne hüllt die Küstensilhouette in einen leichten Dunstschleier. Pastellweiches Licht liegt über Burg, Fels, Dünen und Strand, als ich gemächlich entlang der Gezeitenlinie gehe und mich ab und zu nach einer der im nassen Zustand phantastisch glänzenden Muschelschalen bücke. Bei jedem Schritt sinken meine Sohlen einige Millimeter in den Schlick ein; es entsteht ein seltsames Gefühl von innigem Verschmelzen mit dem Leib der Erde und gleichzeitig eines ganz leichten Schwebens. Hinzu kommt das Streicheln der herein- und wieder hinausflutenden See über meine Füße: prickelnd, wenn das Wasser auftrifft; warm, wenn es sich nur ein kleines Stück weiter verläuft – und all dies zusammen versetzt mich allmählich in eine Art von sehr angenehmer, die Ränder meines Tagbewußtseins betäubender Trance.

Bald bin ich nicht mehr fähig, meinen Blick scharf auf die Muscheln zu fixieren, die ich eigentlich suchen wollte. Vielmehr verändert das rhythmische Heran- und Zurückgleiten des dünnen, glasklaren Wasserteppichs meine Wahrnehmungsfähigkeit und hebt sie quasi auf eine Ebene, auf der mehrere ineinanderfließende Bewegungskomponenten parallel zueinander existieren. Ich sehe sowohl die Wasserschicht, die landwärts über den Sand leckt, als auch den unter ihr verlaufenden Gegenstrom; außerdem changiert der feinkörnige Schlick auf dem Grund wiederum nach eigenen Gesetzen, so daß sich quasi an ein und derselben Stelle knapp unterhalb der Flutlinie drei voneinander unabhängige und dennoch innig miteinander vernetzte Dimensionen befinden.

Während ich dies noch begreife, verändert sich mein Empfinden erneut. Es ist, als kulminiere tief in mir selbst etwas, das aus dem dreifach gegenläufigen Gleiten entstand und sich nun vollendet, wodurch es zu einem »jenseitigen« vierten Sein wird. Ähnlich wie beim Anblick der schwingenden und sich allmählich zum Einklang überhöhenden Linien in Avalon werde ich entrückt und stehe neuerlich auf der *Pons Perilis*, wo Diesseits- und Anderswelt sich berühren. Ganz wie damals weiß ich, daß ich mich jetzt – mein Denken bei hellwachem Verstand auf das Wesentliche reduzierend, wodurch es in Harmonie mit dem Intuitiven kommt – tiefer fallen lassen könnte, um auf diese Weise höher und höher zu steigen und die »Nebel« zu durchschreiten. Aber ebenso wie in der Nähe des Apfelgartens beim *Twr Avallach* spüre ich die behutsame Hand, die mich geleitet hat und mich nun zurückhält, weil auch diesmal nicht der Übergang mein Ziel sein soll, sondern die Erkenntnis eines weiteren möglichen Pfades.

Vorsichtig löse ich mich aus dem beglückenden Schwingen und bekomme den Lohn. Ich glaube das Netz der vielen verschleierten Pforten zu sehen, das sich nicht nur über Britannien zieht: das unzerstörbare Vermächtnis der Druiden, welches zeitlos in der Verbindung von Natur und dem Geist der *Großen Wissenden* lebt und von sehr vielen Menschen wiedergefunden werden kann, wenn sich Europa auf seine uralte heidnische Weisheit besinnt.

Wegweisend dorthin werden bestimmt auch die »Gläsernen Inseln« vor den Küsten Britanniens sein. Bardsey Island ist eine solche *Ynys Vitrin*, und ich sehe sie einige Tage nach meinem rational-spirituell bestimmten Erlebnis am Strand von Harlech.

Die Fahrt führt hinaus auf die Lleyn-Halbinsel, die sich lang und schmal zwischen der Cardigan Bay im Süden und der Bucht von Caernarfon im Norden in den Irischen Kanal reckt. Über Criccieth, wo wiederum eine englische Burg inmitten einer la-tène-zeitlichen Ringwallanlage steht, und Pwllheli erreiche ich das kleine Fischerdorf Aberdaron, von wo aus einst zahllose christliche Pilger nach Bardsey übersetzten. Denn die Ynys Enlli, wie der kimmrische Name des Eilands lautet, wurde noch im Mittelalter als so heilig angesehen, das dort aufgrund der Pilgerströme ein reich ausgestattetes Kloster existieren konnte. Ähnlich wie die Abtei von Glastonbury liegt es freilich längst wieder in Ruinen, und immer mehr Waliser besinnen sich erneut auf die uralte heidnische Bedeutung der *Ynys Vitrin*.

Ich begreife das, als ich ganz ans Ende des Kaps weiterfahre und meinen Peugeot am Braich y Pwll abstelle: einem nur schwer zu findenden Aussichtspunkt hoch auf den Klippen mit einzigartigem Blick hinüber nach Bardsey. Dutzende anderer Wagen parken hier bereits, doch es herrscht nicht das übliche Treiben wie sonst auf den Picknickplätzen. Vielmehr sitzen die Menschen einzeln oder höchstens in ganz kleinen Gruppen abseits der PKWs da und dort auf den Felsen oder im Heidekraut und scheinen im Angesicht der *Ynys Vitrin* zu meditieren. Es ist eine Szenerie, wie ich sie noch niemals zuvor in Europa sah: Einfache Leute – Hausfrauen, Bauern, kleine Angestellte – haben sich tief in die Betrachtung der Landschaft versenkt, und die mentale Ruhe, die von ihnen ausströmt, vertieft den Frieden des Ortes schier greifbar.

Still suche auch ich mir den Flecken Erde, der mir entspricht. Die kleine Bodenfalte schenkt mir Wärme und Entspannung; ohne Schwierigkeiten bringe ich mein Empfinden mit dem Geist des Ortes in Einklang. Ich verinnerliche den Dreiklang von Festland, Meer und der Insel, die den beiden anderen Komponenten gleichermaßen zugehört, aber dennoch eigenständig ist – und dann erfüllt die Ynys Enlli mein intuitives Denken ganz. Zart und massiv, sowohl feinstofflich als auch felsig, schwebt sie dort draußen über der See und stemmt sich unerschütterlich dem Ansturm der Brandung entgegen. Solide walbuckelig bietet sie sich dar, ebenso aber verlieren sich die Konturen ihrer Ausläufer weich und wie von Nebeln verhangen im Wasser. Dreidimensional ist sie und neuerlich fließende Brücke hinein in die Anderswelt; vierdimensionales Gespinst ist sie, das sich durch die Diesseitswelt flicht.

Während ich das Changieren ihres hier wie dort lebendigen Seins erschaue, erinnere ich mich an die Geschichte, die ein Einheimischer mir einige Tage zuvor erzählte: Eines Morgens fuhr er in seinem Fischerboot hinaus und erblickte die Ynys Enlli beim Heraufholen seiner Langustenkörbe in ihrer

»realen« Gestalt. Wie hundert andere Inseln wuchs sie aus dem Meer hoch; jede Klippe und jeder Strandabschnitt des kleinen Eilands waren deutlich zu erkennen. Dann freilich, nachdem der Mann die Schalentiere aus den Körben genommen und die Reusen mit frischen Ködern bestückt hatte, geriet ihm die *Ynys Vitrin* erneut ins Sehfeld. Jetzt aber, obwohl kaum ein paar Minuten verstrichen waren, zeigte sie sich ihm in ihrer anderen Erscheinungsform. Nur ihre obere Hälfte bestand noch aus Stein; der Sockel hingegen war zu durchscheinendem, lichtdurchflutetem Nebel geworden, über dem die feste Materie in absolutem Losgelöstsein schwebte.

Selbstverständlich läßt sich das beschriebene Phänomen, das sich bei den »Gläsernen Inseln« nach dem Zeugnis zahlreicher Waliser immer wieder zeigt, naturwissenschaftlich erklären. In einem besonderen Zusammenspiel von Licht, Gischt und Nebel scheinen die Umrisse von Bardsey Island sich gelegentlich aufzulösen. Aber dennoch ist das wiederum nur eine von zwei möglichen Betrachtungsweisen, wie meine eigene Erfahrung mit dieser *Ynys Vitrin* deutlich macht ...

Nachdem ich damals lange am Braich y Pwll gesessen hatte, zog mich etwas hinaus zu einem etwas abseits liegenden und völlig einsamen Kliff. Ich entdeckte eine Steinpyramide dort, die in lange zurückliegenden Jahrhunderten wohl von kimmrischen Pilgern aufgehäuft worden war. In ihrem Windschatten stehend, hob ich nach einer Weile meine Kamera und fotografierte mehrmals die Ynys Enlli. Etwas links von ihr liegt noch eine zweite, kleinere Insel, die den Namen Queens Island trägt. Auch von ihr machte ich einige Aufnahmen; die Einstellungen meiner Canon brauchte ich nicht zu verändern, weil beide Eilande in etwa gleicher Entfernung im selben klaren Licht gestochen scharf vor mir lagen. Als ich jedoch einige Wochen später die Negative und Abzüge sah, traute ich meinen Augen nicht. Denn Queens Island war auf sämtlichen Fotos detailgenau und mit prächtigen Kontrasten zu erkennen, während die *Ynys Vitrin* sich auf allen Bildern der Serie als verschleierte, unwirkliche Silhouette darstellte ...

Mehrere Berufsfotografen, die ich mit diesem Phänomen konfrontierte, wußten keine rationale Erklärung abzugeben. Aber die auf der Lleyn-Halbinsel lebenden Menschen, die ihre keltischen Traditionen bis heute unerschütterlich bewahrt haben, sprechen wie selbstverständlich von der doppelten Natur der Ynys Enlli. Sie sind sich völlig sicher, daß dieses besondere Eiland in beiden Welten existiere und sich deshalb auch in unterschiedlichen Erscheinungsformen zeige. Das Gestein der »Gläsernen Insel« werde zu gewissen Zeiten durchscheinend, was nichts anderes bedeute, als daß der Pfad in die Anderswelt sich öffne.

Die Druiden, die einst auf der *Ynys Vitrin* gelebt hätten, so die Überlieferung weiter, seien imstande gewesen, die Nebel zu durchschreiten, und aus einem ähnlichen Grund befänden sich auch die vielen tausend Bardengräber auf der Insel: Die Seelen der ebenfalls im Druidenrang stehenden Poeten hätten von diesem besonderen Ort aus den »jenseitigen« Weg leichter als anderswo zu finden vermocht. Deshalb sei auch Myrddin hier beigesetzt worden, und sein Geist weile sowohl in der verborgenen Höhle auf Bardsey, in deren Schoß Niniane ihn bettete, als auch drüben in den dichten Wäldern von Snowdonia, wo die Pflanzen ihn beschützten, bis er – wiederum über die Brücke der »Gläsernen Insel« – in menschlicher Gestalt zurückkehre in seine frühere und künftige irdische Heimat.

X

Rettung durch das Große Wissen

Im gegenwärtigen Übergang vom Sternzeichen der »Fische« hin zu dem des »Wassermannes« ist die Erde krank wie nie zuvor, und die Menschheit bewegt sich auf einen Abgrund zu. Rasend schnell breiten sich die Ozonlöcher über den Polen aus, so daß die Atmosphäre unseres Planeten immer weniger Schutz vor der krebserregenden UV-Strahlung bietet. Täglich werden viele hundert Quadratkilometer Regenwald vernichtet, was anderswo auf dem Globus für Wasserarmut, Wirbelstürme und Überschwemmungen sorgt. Atombombenversuche, neuerdings nicht mehr nur von den USA, China und Rußland, sondern auch von sogenannten Drittländern wie etwa Indien und Pakistan zu verantworten, erschüttern die Erdrinde und reißen die geologischen Bruchlinien tiefer und tiefer auf. In den amerikanischen Kernkraftwerken häuften sich zum Ende des Jahrhunderts die Beinahe-GAUs, und der russische Reaktor von Tschernobyl kann jeden Tag noch einmal explodieren, wie Experten warnen. An deutschen Castor-Behältern, die nach Angaben gewisser Politiker selbst einen »Weltuntergang« überstehen könnten, wurden im Frühjahr 1998 radioaktive Emissionen gemessen, welche die ohnehin fragwürdigen Grenzwerte mehrtausendfach überschritten, und die Atomaren Wiederaufbereitungsanlagen von La Hague in Frankreich und Sellafield in Großbritannien haben Land und Meer in weitem Umkreis längst schrecklich vergiftet.

Innerhalb weniger Jahrzehnte wurden Bedrohungen für die Biosphäre geschaffen, die noch Jahrtausende nachwirken werden. Doch Großindustrie und eine immer stärker von diesen multinationalen Konzernen gesteuerte Politik zeigen keine Einsicht. Seit den späten 90er Jahren des 20. Jahrhunderts exportieren die USA genmanipulierte Lebensmittel in immer größeren Mengen; die Regierung läßt den »wissenschaftlich« geschulten Geschäftemachern, die mit den Bausteinen des Lebens spielen, dabei praktisch völlig freie Hand. Ehe Europa überhaupt begriff, was geschah, waren biochemisch veränderte Getreideprodukte auch hier bereits flächendeckend verbreitet, so daß die vom größten Teil der Bevölkerung gewollte Kennzeichnungspflicht in der Realität überhaupt nicht mehr durchführbar war. Unkontrolliert können die manipulierten Gene jetzt in der Nahrungskette wirksam werden, und niemand weiß, welch verheerende Folgen dies eines Tages haben wird. Dasselbe gilt für die riesigen Anbaugebiete genveränderter Pflanzen, die in den USA bereits wie Krebsgeschwüre wuchern. Insekten und Wind verbreiten die widernatürlichen Samen; unweigerlich werden sie sich früher oder später über den ganzen Planeten verteilt haben.

Während Agrarindustrie und Politiker noch abwiegeln, sind anderswo bereits »Zauberlehrlinge« am Werk, die sich mit Hilfe blasphemischer Patentierungsverfahren den Zugriff auf tierisches und menschliches Erbgut in jeder nur denkbaren Form sichern. Schon wird laut und von Mal zu Mal öffentlicher darüber nachgedacht, in welcher Weise sich der angeblich unvollkommene biologische Bauplan der Natur zum vorgeblich Besseren verändern ließe – und wenn das Know How erst einmal vorhanden ist, dann wird vermutlich niemand mehr die künstliche Zeugung von tierischen Monstern oder menschlichen Zombies verhindern können. Ebensowenig wie die USA das technische Wissen um die Kernspaltung zurückzuhalten vermochten, wird auch die Genmanipulation immer weitere Anwendung finden – und an zynischen Despoten, welche dann womöglich versuchen könnten, Roboterarmeen aus Fleisch und Blut zu züchten, herrscht auf Erden wahrlich kein Mangel.

✧✧✧

Bereits im Jahr 1616 veröffentlichte die böhmische Visionärin Sibylle von Prag, die über druidisches Wissen verfügte, ihr Buch »Die Prophezeiung der Sibylle Michalda«, in dem es heißt: *»Freveln werden sie wider das Göttliche. Denn sogar den Menschen wird der Mensch künstlich erschaffen. Diese künstlichen Menschen sind jedoch arm an Geist. Denn sie haben nur wenig Hirn, sind freilich stark und widerstandsfähig. Auf diese Weise wird eine neue Zeit der Sklaverei kommen.«*

Auch der Seher Johannes von Jerusalem, der ursprünglich Kreuzritter gewesen war, ehe er angesichts der Greuel, die er in Palästina erlebt hatte, einen nichtchristlichen Erkenntnisweg beschritt, hatte entsetzliche Schauungen im Zusammenhang mit der heute möglichen Genmanipulation, weshalb er über das beginnende dritte Jahrtausend schrieb:

»Wenn das Millennium einsetzt,
das auf das Millennium folgt:
Wird der Mensch mit jeglichem Leben wuchern.
Jegliches Leben wird vom Wucherpreis geschändet:
Tier, Pflanze, selbst Wasser und Luft.
Kein Leben wird länger Gabe Gottes sein,
jegliches Leben wird dem Wucher unterworfen.
Selbst der Wert des Menschen selbst
wird dann einzig an seinem Fleisch gemessen.
Verhökert wird sein Leib
gleich einem Fetzen Wildfleisch.
Des Menschen Ohr und Herz werden sie rauben.
Leben und Seele, die heilig waren,
werden als etwas Unheiliges betrachtet werden.
Sie gieren nach des Menschen Leib und Blut,
als würden sie Aasfleisch zerreißen.«

Übereinstimmend sahen sowohl die Sibylle von Prag als auch Johannes von Jerusalem eine fatale Entwicklung voraus, deren Anfänge bereits heute zu beobachten sind, weil ein großer Teil der Menschheit die liebevolle Achtung vor der Natur und damit die Grundlage jener Weisheit verloren hat, welche einst die *Großen Wissenden* besaßen. Liest man die Prophezeiungen und die mit ihnen verknüpften eindringlichen Mahnungen in vollem Umfang (es geht beispielsweise auch um die Versklavung der Gesellschaft durch künftige Medien, die wie zerstörerische Drogen wirken, oder um staatlich sanktionierten Kindsmißbrauch), dann wird außerdem klar, daß die Visionäre in einer radikalen geistigen Umkehr das einzige Mittel zur Rettung vor einer Globalkatastrophe erkannten und entschieden dazu aufrufen wollten.

Sie beschwören förmlich eine Heimkehr ins Heidentum, welches höhere und humanere Bewußtsein nach ihren Worten allein noch Rettung bringen kann. Johannes spricht in diesem Zusammenhang unter anderem von einer Wiederkehr des weiblichen Denkens und Empfindens nach dem Zusammenbruch der zu Beginn des dritten Jahrtausends noch bestehenden christlichen Zivilisation; die Sibylle Michalda erklärt wörtlich: *»Die Geister der alten Welt kommen wieder zu Ehren. Jetzt werden die Schafe lernen, ihren Geist zu gebrauchen. Sie werden Lüge und Dogma verdammen.«*

Sehr deutlich sind in diesen Aussagen Teile der keltischen Weltsicht zu erkennen; jener Lehre der *Dru Wid*, die uralt und im Hinblick auf die Herausforderungen des neuen Millenniums zugleich hochmodern ist. Wie oben bereits erwähnt, hüteten die beiden Sensitiven druidisch-heidnisches Wissen; sie überschritten die *Pons Perilis*, die in die Anderswelt und damit zu tieferer als der gewöhnlichen menschlichen Erkenntnis führt. Nur deswegen waren sie fähig, mit

Hilfe ihres Dritten Auges über Jahrhunderte hinweg in die Zukunft zu schauen – und wenn wir nun sowohl ihre Warnungen als auch den Ausweg, den sie aufzeigen, mit jenen Einsichten kombinieren, die auf anderen Wegen aus keltischer Zeit zu uns gekommen sind, dann wird es möglich, einen »Entwurf der Umkehr« und damit eine positive Zukunftsvision zu formulieren.

Im Prinzip muß dazu eine zweitausendjährige Fehlentwicklung korrigiert werden, die mit der Unterdrückung und Ausrottung des europäischen Heidentums durch den römischen Machtwahn begann und vom autokratisch definierten Kirchenchristentum, das zu allen Zeiten mit den jeweiligen Gewaltherrschern paktierte, weitergetragen wurde. Bereits Giordano Bruno hatte dies glasklar erkannt, und sein deutscher Biograph Jochen Kirchhof, der die Botschaft des von der Inquisition ermordeten Italieners zutiefst verinnerlichte, faßte die diesbezügliche Kernaussage des aus sehr guten Gründen wieder heidnisch gewordenen Mönchs mit folgenden knappen Worten zusammen:

»Das Christentum ist eine natur- und kosmosfeindliche Religion. Der christliche Erlösungsbegriff verneint den Gedanken der kosmischen Gerechtigkeit, negiert den Kreislauf der Seelenmonaden durch alle Reiche und Bewußtseinsstufen. Der christliche Gottesbegriff ist anthropomorph. (...) Die Lehre vom eingeborenen Gottessohn ist, kosmisch gesehen, provinziell, ja absurd. Eine Weltschöpfung aus dem Nichts hat es nicht gegeben und kann es nicht geben, denn es ist ewig alles vorhanden, was überhaupt vorhanden sein kann.«

Interpretieren wir diese Aussage nun Punkt für Punkt und vergleichen sie dabei mit der Botschaft der *Großen Wis-*

senden, dann werden die gravierenden Unterschiede zwischen druidischem und biblischem Weltbild deutlich. Das Christentum hat leider eine ganze Reihe von Irrwegen zu verantworten, und diese Wahrheit wird heute von immer mehr Menschen erkannt. Dazu gehören moderne Heiden und Freidenker, aber zum Glück auch sehr viele »Laien« innerhalb der etablierten Glaubensgemeinschaften selbst, die unter der abgrundtiefen Diskrepanz zwischen jesuanischer Lehre und amtskirchlicher Theologie leiden.

Die nun folgende Kritik am »Christentum der Hohen Priester« richtet sich also nicht gegen solche Frauen und Männer, die sich ihrerseits bemühen, Werte wie Barmherzigkeit und Humanität gegenüber der Dogmatik eines autokratischen Klerus, in erster Linie des römischen, zu verteidigen. Vielmehr geht es um die menschenverachtende und naturfeindliche Theologie, wie sie vor allem das Papsttum in totaler Abkehr vom Geist des Juden Jesus über viele Jahrhunderte hinweg verbreitete. Einmal mehr stoßen wir hier auf jene uns bereits bekannte hemmungslose Herrschsucht, die sowohl den Individuen in allen ihren Erscheinungsformen als auch dem Göttlichen zutiefst feindlich gegenübersteht, weil sie als höchstes Ziel die Errichtung eines einzig sich selbst genügenden Imperiums ansieht. Zwei Jahrtausende lang bekämpfte dieses mit Feuer und Schwert durchgesetzte Prinzip die Erinnerung an das alte Europa, in dem die Weisheit der Druiden außerordentlich positiv gewirkt hatte – und wie der nun folgende Vergleich zwischen den beiden so unterschiedlichen Weltanschauungen zeigt, mußte der Planet aufgrund der Unterdrückung des Heidentums zwangsläufig an den Rand des Abgrunds geraten.

✧✧✧

Der biblische Gott verlangt von seinen Anhängern: »Macht euch die Erde untertan!«, was nach dem Glauben der Theologen selbstverständlich auch für jene Planeten gilt, welche die Menschen in Raumschiffen erreichen könnten. Da hier aber Machtdenken proklamiert wird und von daher alles andere Leben beherrscht oder sogar manipuliert werden darf, ist diese Forderung eines Jahwe oder »Gottvaters« in der Tat natur- und kosmosfeindlich. Sie transportiert nichts weiter als den Gedanken eines Imperiums, zu dessen Despoten sich der Mensch aufgrund vorgeblichen göttlichen Willens aufwerfen soll. Auf diese Weise freilich kann er den ihm gemäßen Platz im subtilen Geflecht der irdischen und außerirdischen Natur niemals finden; er wird vielmehr gefährliche Turbulenzen verursachen und damit letztlich zerstörerisch wirken.

Den Druiden hingegen war das Netzwerk des unendlich vielfältigen Lebens, das sich über die Dimension der Anderswelt von der Erde bis in die Ewigkeit des Universums zieht, sehr wohl bekannt. Sie bestimmten ferner den wahren Standort des Menschen innerhalb des in allen seinen Teilen gleichwertigen Ganzen; sie wußten, daß Mensch, Tier, Pflanze, Stein sowie sämtliche übrigen sichtbaren und unsichtbaren Erscheinungsformen der Natur auf unserem Planeten sowie im Kosmos eine allumfassende Symbiose bilden und einzig auf diese Weise in ihrer ganzen Fülle existieren können. Aus diesem Begreifen wiederum erwuchs der achtungsvolle und liebevolle Umgang der Kelten mit ihrer Umwelt, und dank dieser Erkenntnis liefen die heidnischen Gesellschaften auch nicht Gefahr, die Biosphäre zu schädigen oder gar zu vernichten.

Weiter wirft Giordano Bruno dem Christentum mit Recht vor, seine Anhänger dem alten Wissen um »den Kreislauf der Seelenmonaden durch alle Reiche und Bewußtsseinsstufen« entfremdet zu haben. Statt dessen sei jener Erlösungsbegriff eingeführt worden, der die Gläubigen – so sie nur an die »Auferstehung Christi von den Toten« glaubten – in ein Paradies führe, welches jenseits der Natur und damit bei Gott liege. Irdisches und Göttliches werden auf diese Weise voneinander getrennt; gleichzeitig negieren die Theologen jenen Weg hin zur Erkenntnis der zahllosen Aspekte des Göttlichen und zum immer tieferen Einswerden mit ihnen, wie Taliesin ihn beschrieb. Letzten Endes stellen sie den »zu erlösenden« Christen quasi auf ein Abstellgleis, denn »Erlösung« im kirchlichen Sinne bedeutet nichts anderes, als daß ein Gläubiger dem natürlichen und über sehr viele Stufen laufenden Pfad des Lernens ausweichen und sich mit dem untauglichen Ersatz der von den Priestern vorgegebenen Dogmen zufrieden geben soll.

Die Druiden andererseits wußten um Seelenwanderung, respektive Wiedergeburt im Rahmen der immerwährenden Umwandlung aller materiellen Daseinsformen. Sie lehrten auch, daß jedes Lebewesen bereits von jeher Teil des Göttlichen ist und es deshalb niemals eine Trennung zwischen diesem Göttlichen und dem Menschen, beziehungsweise der Natur geben kann. Eine »Erlösung« vom Irdischen zu einem Gott hin ist damit a priori gar nicht notwendig, denn der Mensch ist, wie jedes andere Lebewesen auch, von Natur aus in der allumfassenden Göttlichkeit geborgen, und sein Geist wird in sämtlichen Dimensionen des Pentagramms bis in alle Ewigkeit behütet sein. Ebenso führt die Lehre der *Dru Wid*, welche die göttliche Präsenz in allen Erscheinungsformen des Lebens erkennt, zum Begreifen der menschlichen Umwelt als Emanation des »Großen Geistes« – wodurch keltisches Bewußtsein es unmöglich macht, die Bausteine des Lebens etwa mit den Mitteln der Gentechnik manipulieren zu wollen. Dies nämlich wäre ein Schlag ins Antlitz des allgegenwärtigen und sichtbaren Göttlichen, welches wiederum innig mit dem menschlichen Dasein verknüpft ist, so daß nach druidischer Weisheit eine willkürliche Schädigung der Mit-Wesen auch ein Angriff auf die Substanz des Menschen selbst wäre.

Den Gottesbegriff des Christentums geißelt Giordano Bruno als anthropomorph. Er entlarvt ihn damit als Projektion beschränkten menschlichen Denkens auf eine Ebene, wo die Mittel solch »scheuklappiger« Erkenntnissuche nicht tauglich sein können. Folglich, so der ins Heidentum heimgekehrte römisch-katholische Theologe weiter, sei auch die Lehre über den Gekreuzigten entsprechend armselig. Betrachte man sie von kosmischer Warte aus, erkenne man ihre »Provinzialität« und Absurdität; sie greife noch nicht einmal auf dem Planeten Erde, geschweige denn im Universum. Konkreter gesagt: Es wird der christlichen Theologie, wiederum zu Recht, vorgeworfen, die alte heidnische Metaphysik auf ein untaugliches monotheistisches Zerrbild verkürzt zu haben.

Die Druiden nämlich dachten aus sehr guten Gründen in einer polytheistischen Dimension, die gleichzeitig pantheistisch angelegt war, denn nur so können die zahllosen Aspekte des wahren Göttlichen von uns Menschen verinnerlicht werden. Die vielen, scheinbar unterschiedlichen Götter des Keltentums »dienen« auf diese Weise als real existierende Metaphern, die das Begreifen des ganzen Prinzips ermöglichen, weil sowohl Ceridwen als auch Taranis, Cernunnos, Rhiannon oder andere Gottheiten jeweils einzelne »Brückenteile« sind, die in ihrer Gesamtheit den »Flußübergang« ermöglichen. Da zudem jedes Individuum auch individuellen Zugang dorthin finden soll und darf, werden diese persönlichen Wege durch die Vielfalt der Götter, die jederzeit konkret erfahrbar und ebenso metaphorisch begreifbar sind, erleichtert. Weil nun aber der heidnische Erkenntnispfad, der nichts ausgrenzt, sondern alle Optionen beinhaltet, genau deswegen tatsächlich zur Fülle des Göttlichen führt, vermag er sich – ohne es zu verlieren – vom Irdischen zu lösen. Er reicht im Gegensatz zur christlichen Lehre wahrhaftig ins Universum hinaus, und sobald erst Raumfahrer auf dem Mars, der Venus oder den Planeten anderer Sonnensysteme leben, wird er sich »dort draußen« als ebenso tauglich erweisen wie auf Erden.

Die polytheistisch-pantheistische Metaphysik der *Großen Wissenden* besitzt aber gegenüber dem Monotheismus der Bibel noch einen weiteren ganz entscheidenden Vorteil im Hinblick auf ihre Sozialverträglichkeit und ihren friedenstiftenden Wert. Es liegt nämlich im fatalen Wesen sämtlicher Eingottreligionen, daß sie – weil ihre jeweilige Gottheit keine Rivalen neben sich dulden will – zu Dogmatismus, Intoleranz, Unterdrückung Andersdenkender und damit wieder zu Angriffskriegen nach außen sowie zur Verfolgung etwa von »Ketzern« und »Hexen« im Inneren neigen. Selbst das antike Judentum war zu jenen Zeiten, da seine Priester die nötige Macht besaßen, nicht gegen derlei böse Auswüchse gefeit; ungleich schlimmer handelten die beiden großen Bibelreligionen Islam und Christentum. Besonders die Glaubensgemeinschaften des Kreuzes begingen Verbrechen bis hin zur Versklavung ganzer Völker im Zuge des Kolonialismus. Sie scheuten selbst vor Genoziden und Holocaust nicht zurück, und dies war vor allem deswegen möglich, weil die Ureinwohner Afrikas, Amerikas oder Asiens ungetauft und deshalb in den Augen der christlichen Priester und ihrer Soldateska nicht viel mehr als »zweibeinige Tiere« waren. Ähnlich sah man in den Juden Europas noch im 20. Jahrhundert bekanntlich »Untermenschen« und stand damit voll in der Tradition des christlichen Abendlandes, dessen Kleriker den Judenhaß von Millennium zu Millennium gepredigt hatten.

Eine Metaphysik hingegen, die Platz für viele Götter hat, wird stets tolerant angelegt sein und entsprechend handeln, denn genau dieses Verhalten geben die friedlich nebeneinander existierenden Gottheiten vor. Die Druiden, welche in diesem heidnischen Sinne lehrten, legten damit auch die Basis für eine weitgehend gewaltfreie Gesellschaft. Anders als die Römer, die den alten polytheistischen Glauben ihrer bäuerlichen Ahnen längst verloren hatten, ihre ehemaligen Götter nur noch nach außen hin verehrten und in Wahrheit das Gottkaisertum ihrer jeweiligen Cäsaren praktizierten, versuchten die Kelten nicht, ein menschenverachtendes Imperium zu errichten, sondern legten den föderalen »Sonnengürtel« über das Abendland. Der polytheistische Pantheismus der *Dru Wid* wurde so zum Nutzen zahlreicher Völker in die politische Realität umgesetzt – und auch dieses Beispiel zeigt die immensen Vorteile auf, welche eine Überwindung des Monotheismus zugunsten des Heidentums gerade für die moderne Welt mit ihren brandgefährlichen »ethnischen Konflikten«, die in Wahrheit Religionskriege sind, haben könnte.

Auf einen verhängnisvollen Irrweg führte schließlich auch die in der Bibel behauptete »Weltschöpfung aus dem Nichts«, welche Giordano Bruno ebenfalls entschieden verneinte. Die Gestalt des Schöpfergottes ist ebenso anthropomorph wie die des Gekreuzigten, und der Italiener erkannte völlig richtig, daß ein ewig existierendes Universum weder Anfang noch Ende haben kann und deswegen auch keine Schöpfung nötig war. Über diesen naturwissenschaftlich-metaphysischen Denkfehler der Bibelreligionen hinaus birgt die Vorstellung eines Schöpfergottes, der nach biblischer Lehre zudem am »Jüngsten Tag« als Weltenvernichter auftreten wird, aber auch eine ganz reale Gefahr in sich. Denn ein Gott, der die Welt beliebig erzeugen und vernichten kann, verführt seine Anhänger (die sich zu allem Überfluß als menschliche »Krone der Schöpfung« betrachten) zu dem Glauben, selbst ein Weltuntergang sei womöglich reparabel, und ihr Gott könnte auch dann wieder erschaffen, wenn sie selbst zerstört hätten – wodurch die Bibelreligion neuerlich zu unverantwortlichem Umgang mit dem Leben und der Natur einlädt.

Welch fatale Bedrohung für die Menschheit aus solchem Irrglauben entstehen kann, beweist die Tatsache, daß aus dem Vatikan nicht nur einmal verlautete, eine Globalkatastrophe in Form eines Dritten Weltkrieges sei unter Umständen bereits im »göttlichen Schöpfungsplan« vorgesehen und daher ohnehin unabwendbar. Derartige Aussagen fielen bezeichnenderweise im Zusammenhang mit der »moralischen Berechtigung« von Nuklearkriegen gegen die »gottlosen« Staaten UdSSR und China, und wenn Menschen sich zu derartigem Wahnwitz versteigen und im globalen Holocaust auch noch göttliche Absichten zu erkennen vermeinen, dann muß ihr »Schöpfergott«, der entsprechend biblischer Lehre mit einer gewissen vordergründigen Logik zugleich »Vernichtergott« ist, mit seinen verheerenden Potenzen wahrlich fürchterliche Schäden in den Gehirnen seiner Priester angerichtet haben.

Wenn wir alldem die druidische Metaphysik entgegenstellen, wird abermals klar, wie überlegen und bewahrend sie im Vergleich mit den monotheistischen Religionen ist. Sie begreift nämlich die wahre Natur des Kosmos, die weder Anfang noch Ende hat, so daß die *Großen Wissenden* niemals Gefahr liefen, sich in der oben beschriebenen falschen Gottesvorstellung zu verlieren. Weil dies so ist, beinhaltet ihre heidnische Lehre auch nicht das zerstörerische Potential der biblischen; ihre andersweltliche Weisheit ist vielmehr auch in diesem Bereich imstande, uns Menschen gültig in das ewige Pulsen des Universums einzubinden, so daß wir uns neuerlich auf Erden und im Kosmos geborgen fühlen können. Da keine Schöpfung stattfand, ist niemand der Willkür eines erschaffenden Gottes ausgeliefert, und im Umkehrschluß braucht auch kein Mensch Angst vor einer gar nicht vorhandenen vernichtenden Absicht des Göttlichen zu haben, so daß gefährliche tiefenpsychologische Reaktionen, die möglicherweise das, was man so sehr fürchtet, zwanghaft herbeiführen wollen, unmöglich sind.

Gerade an der Schwelle vom zweiten zum dritten Jahrtausend erweist die Botschaft der Druiden sich damit als ungemein wertvoller Wegweiser in eine derzeit noch ungewisse Zukunft. Einklang mit dem wahren Göttlichen, Toleranz und entschiedene Ablehnung jeglicher Intoleranz, liebevolle Humanität und demokratisches Denken, erdverwurzelter Realitätssinn und tiefes Verständnis für die uns umgebende Natur sind ihre hauptsächlichen Kennzeichen.

Die Fehlentwicklungen, die sich während der dunklen Jahrtausende seit der weitgehenden Vernichtung des Keltentums so schrecklich ausgewirkt haben, können dank der genialen und dennoch für jeden Menschen nachvollziehbaren Lehre der *Großen Wissenden* korrigiert werden. Wenn es gelingt, den »Sonnengürtel« erneut über Europa zu legen, werden die Völker imstande sein, auf Dauer in friedlicher Föderation zusammenzuleben. Sofern sie die Naturphilosophie der *Dru Wid* verinnerlicht, wird die Menschheit sich auch mit der geschändeten Umwelt wieder aussöhnen und die ihr bereits geschlagenen Wunden heilen.

Das verhängnisvolle Prinzip des Machtdenkens wird dann besiegt sein, und an seine Stelle wird von neuem das beglückende heidnisch geprägte Bewußtsein des unverbrüchlichen Miteinander treten. Profitgier und skrupelloses Gewinnstreben werden überwunden vom Blick ins Antlitz des Mitmenschen, in dessen Augen die wahren Werte des Daseins zu finden sind. Das Abendland hätte dann nach zweitausendjährigem Irrweg zu seinen ältesten und ehrwürdigsten Wurzeln zurückgefunden, die einst aus dem Humus weiblichen Denkens erwuchsen.

Wenn der Kontinent für sich und partnerschaftlich zusammen mit anderen Erdteilen die Kraft aufbringt, die Weisheit der Druiden von neuem zu leben, so werden mit Sicherheit auch die schrecklichen Prophezeiungen der Sibylle von Prag und des Johannes von Jerusalem gegenstandslos werden. Der globale Zusammenbruch wird dann nicht stattfinden; vielmehr wird in diesem Fall eine positive, in der höheren Dimension der Anderswelt als lichte Möglichkeit enthaltene Entwicklungslinie der Menschheit zum Tragen kommen. Die Visionen der Seher, die druidisches Wissen besaßen, waren unter dieser Prämisse »nur« dringend notwendige Warnungen davor, die Fehler einer zu Ende gehenden dunklen Epoche hineinzutragen in das kommende Zeitalter.

Am Firmament steigt derzeit das Sternzeichen des »Wassermannes« auf, der nach altem heidnischen Glauben dreifach Mann ist und sich daher mit der Großen Göttin in ihrer dreifachen Gestalt zu paaren vermag – sofern die Menschheit die geistigen Voraussetzungen für diese beglückende kosmische Zeugung schafft. Für jene Vereinigung, die weibliches und männliches Sein für sehr lange Zeit wieder in dieselbe absolute Harmonie bringen könnte, wie sie in den Jahrhunderten bestand, als Druidinnen und Druiden entlang des »Sonnengürtels« wanderten und das Abendland dank ihres Großen Wissens so reich befruchteten.

Ausgewählte Literatur

Ashe, Geoffrey: *König Arthur.* Econ Verlag, Düsseldorf 1986.

Botheroyd, Paul und Sylvia: *Schottland/Wales/Cornwall.* Droemersche Verlagsanstalt, München 1988.

Bruno, Giordano: *Gesammelte Werke.* Diederichs Verlag, Leipzig 1904 – 1909.

Dannheimer, Hermann/**Gebhard**, Rupert (Hrg.): *Das keltische Jahrtausend.* Philipp von Zabern Verlag, Mainz 1993.

Fritsch, Werner: *Cherubim.* Suhrkamp Verlag, Frankfurt 1987.

Herm, Gerhard: *Die Kelten.* Econ Verlag, Düsseldorf 1975.

Hope, Murry: *Magie und Mythologie der Kelten.* Heyne Verlag, München 1990.

Kirchhoff, Jochen: *Giordano Bruno.* Rowohlt Verlag, Reinbek 1980.

Lehner, Thomas (Hrg.): *Keltisches Bewußtsein.* Dianus-Trikont Verlag, München 1985.

Le Roux, François/**Guyonvarc'h**, Christian-J.: *Die Druiden.* Arun Verlag, Engerda 1996.

Maier, Bernhard: *Lexikon der keltischen Religion und Kultur.* Kröner Verlag, Stuttgart 1994.

Markale, Jean: *Die Druiden.* C. Bertelsmann Verlag, München 1987.

Sills-Fuchs, Martha: *Wiederkehr der Kelten.* Dianus-Trikont Verlag, München 1983.

Walker, Barbara G.: *Das geheime Wissen der Frauen.* Deutscher Taschenbuch Verlag, München 1995.

Wallrath, Bertram (Hrg.): *Das Buch Camelot.* Droemersche Verlagsanstalt, München 1989. (Hierin enthalten die zitierten Texte von Gwynn Jones und Maria Christiane Benning).

Prophezeiungen und Visionen. Alois Irlmaier, der bayerische Nostradamus.

Quellen und Wasseradern erspürte er mühelos, seine Visionen waren legendär, und seine Prophezeiungen sind - gerade zur Jahrtausendwende - von einer unvergleichlichen Aktualität.

Manfred Böckl, Prophet der Finsternis
272 Seiten, geb.
ISBN 3-431-03577-9

in der Verlagsgruppe Lübbe